SPICKZETTEL FÜR LEHRER

CARL-AUER

Saskia Erbring

Inklusion ressourcenorientiert umsetzen

2014

Reihe »Spickzettel für Lehrer«,
hrsg. von Christa Hubrig und Peter Herrmann
Reihengestaltung: Uwe Göbel und Jan Riemer
Satz: Heinrich Eiermann
Printed in Germany
Druck und Bindung: Kösel, Krugzell

Erste Auflage, 2014
ISBN 978-3-8497-0022-5

Bibliografische Information Der Deutschen Nationalbibliothek
Die Deutsche Nationalbibliothek verzeichnet diese Publikation
in der Deutschen Nationalbibliografie; detaillierte bibliografische
Daten sind im Internet über http://dnb.d-nb.de abrufbar.

Informationen zu unserem gesamten Programm, unseren Autoren
und zum Verlag finden Sie unter: www.carl-auer.de.

Wenn Sie Interesse an unseren monatlichen Nachrichten
aus der Vangerowstraße haben, können sie unter
http://www.carl-auer.de/newsletter den Newsletter abonnieren.

Carl-Auer Verlag GmbH
Vangerowstraße 14
69115 Heidelberg
Tel. 06221-64380
Fax 06221-643822
info@carl-auer.de

CARL-AUER

Spickzettel für Lehrer – systemisch Schule machen

»Hast du einen Spickzettel?« Diese Frage kennen wir noch aus der Schulzeit, aus der Schülerperspektive, wenn es darum ging, sich auf Prüfungen und Klassenarbeiten vorzubereiten. Wechseln wir die Rolle und Perspektive und stellen uns auf die andere Seite des Klassenzimmers, auf der die »Wissenden«, d. h. die Lehrer, stehen. Schnell wird deutlich: Bei aller Erfahrung gibt es doch erhebliche »Wissenslücken« im Umgang mit schwierigen Situationen, ob sie nun das Lernen selbst, die Schule als Organisation oder die Beziehungen und das Verhalten der Beteiligten betreffen.

Systemisch orientierte Pädagogen können sich hier ruhig und entspannt zurücklehnen, wohl wissend, dass sie selbst »Fragende« sind – Fragende bezüglich passender

Antworten auf die sich stets wandelnden und neu entstehenden Konfliktfelder in der Organisation Schule, zwischen Schülern und Lehrern, zwischen Schule und Eltern und auch mit dem politischen Umfeld von Schule.

Aus systemischer Sicht sind Schwierigkeiten immer mit Lernchancen verbunden. Wo der Blick vom Problem auf die Lösung wechselt, wo man statt hinderlichen Defiziten hilfreiche Ressourcen ins Auge fasst, kommt auch die Haltung in Bewegung. Ein gut platzierter Unterschied zieht dann oft viele positive Änderungen nach sich.

Die Bücher dieser Reihe wollen Einladungen sein, sich auf diese andere Sichtweise einzulassen. Sie sollen Lehrern, Erziehern und Schulleitern Methoden und Strategien zum täglichen Handeln anbieten, die Ihnen die Arbeit – und im besten Fall: das Leben – leichter machen. Sie sind auch Rezepte, die man ausprobieren und mit eigenen Zutaten verfeinern kann.

Wir wünschen Ihnen viel Spaß beim Lesen, Erfahren und Ausprobieren!

Die Herausgeber

Christa Hubrig & Peter Herrmann

Inhalt

Einleitung

Dieses Buch beantwortet Fragen zum Thema Inklusion – Fragen, die auf Veranstaltungen zum Thema Inklusion gestellt werden; und Fragen, die mehr oder weniger kunstvoll hinter Vorwürfen, Bedenken oder Behauptungen versteckt sind. Hier werden die Fragen mit Beispielen und Anregungen aus der Praxis beantwortet. Manchmal ist die Antwort auch eine Gegenfrage, mit der die Art des Fragens hinterfragt wird. Diese Irritationen helfen beim Nachdenken über das Thema Inklusion. Auf dem *Spickzettel* steht also nicht immer die Antwort. Teile des Buches sind eher »Reflexionszettel« – hier ist auch Platz für eigene Notizen.

Das Spezifische an diesem Buch ist der systemische Blick. Systemisches Denken lässt sich gut für Schulentwicklung nutzen, so natürlich auch beim Thema Inklusion. Ziel des Buches ist, bislang ungenutzte Ressourcen sichtbar und verfügbar zu machen. Nicht nur die Beschäftigung mit anwendungsfreundlichen Lösungen für inklusive Schulentwicklung, sondern auch der Fokus auf die Gesundheit dürfte dieses Buch interessant machen. Denn hier wird nicht die Frage gestellt: »Was macht uns krank?«, sondern auch: »Was macht uns gesund?«

Dieser *Spickzettel* wendet sich vor allem an Lehrkräfte mit oder ohne sonderpädagogische Ausbildung, an Schulleiter, Studierende, Dozenten[1], Eltern, Beschäftigte in der schulbezogenen Administration. Neben Informationen zum Thema Inklusion enthält das Buch zahlreiche Übungen und Beispiele aus Veranstaltungen, die das Buch für Schulentwicklungsbegleiter interessant machen. Das Buch regt auf unterschiedlichen Ebenen neue Sichtweisen zum Thema Inklusion an. Es liefert Ideen und Anregungen, um inklusive Schulentwicklung mit Zuversicht anzugehen.

Wie jeder von Ihnen als Leser, so bringe natürlich auch ich unterschiedliche Erfahrungen zum Thema Inklusion mit: Als Lehrerin für Deutsch und Englisch sowie als sonderpädagogisch ausgebildete Lehrerin habe ich an einer Gesamtschule unterrichtet, an der Vielfalt und Heterogenität wertgeschätzt werden und die schon seit Jahrzehnten Schüler mit sonderpädagogischem Förderbedarf[2] aufnimmt; als Mutter von zwei Kindern erhalte ich immer

1 Die Autoren dieser Buchreihe werden gebeten, auf eine genderorientierte Schreibweise zu verzichten. Natürlich sind immer weibliche und männliche Personen gemeint.

2 Gemeint ist damit der sonderpädagogische Förderbedarf, der aufgrund eines Gutachtens bescheinigt wurde. Natürlich haben auch andere Schüler »Förderbedarf«.

wieder aus Elternsicht interessante Einblicke in Schulwirklichkeiten; nach mehreren Jahren wissenschaftlicher Tätigkeit bin ich heute als Supervisorin, Moderatorin und Fortbildnerin selbstständig. Die hier im Buch berichteten Beispiele stammen aus der lebendigen Schulpraxis und machen inklusive Schulentwicklung anschaulich.

Zum Aufbau des Buches

Vier unterschiedliche Äußerungen aus Veranstaltungen zum Thema Inklusion bilden die Überschriften im *ersten Kapitel.* Anhand dieser Äußerungen beschreibe ich die aktuelle schulische Situation und gehe auf einige Grundlagen zum Thema Inklusion ein. Einige der Äußerungen sind emotional gefärbt, sie drücken Erfahrungen und Befürchtungen, Ärger und Bedenken aus. Sie werden in den aktuellen wissenschaftlichen Diskurs zur Thematik eingebettet. Wer als Leser bereits grundlegende Kenntnisse zum Thema Inklusion mitbringt, kann hier gut querlesen und in die Abschnitte 1.1.1, 1.2.1, 1.3.1 bzw. 1.4.1 springen. Ich bemühe mich hier um einen »Ressourcenblick« und beleuchte die Thematik Inklusion im Kapitel 1.5 aus einer gesundmachenden Perspektive.

Im *zweiten Kapitel* stelle ich ein Prozessmodell inklusiver Schulentwicklung vor: Inklusion als »U-Prozess«. Das Modell macht deutlich, welche Schritte im Schulentwicklungsprozess notwendig sind und wo Ressourcen für inklusive Schulentwicklung verborgen sind. Auch hier gibt es viel Arbeitsmaterial und praktische Übungen – für Sie selbst und für das ganze Kollegium.

Im *dritten Kapitel* vertiefe ich einige Aspekte, die aus meiner Sicht in inklusiven Schulentwicklungsprozessen wichtig sind. Auch hier kommentiere ich Äußerungen aus Veranstaltungen, gebe Beispiele zur Veranstaltungsplanung und -durchführung und stelle Formate der Prozessbegleitung vor.

Im *vierten Kapitel* wird erneut das Prozessmodell genutzt und anhand der »Theorie U« dargestellt, welche Abkürzungen viele Schulen nehmen. Es wird deutlich, dass die Abkürzungen den Prozess nicht beschleunigen. Im Gegenteil werden dadurch wichtige Schritte ausgelassen, die später mühsam nachgeholt werden müssen.

1 Inklusion: Systemische Kommentare zur aktuellen Praxis

1.1 »Wir haben eine Inklusionsklasse, das läuft ganz gut«

Die Äußerung »Wir haben eine Inklusionsklasse, das läuft ganz gut« hört man oft. Dass Lehrkräfte positiv über ihre Arbeit in Klassen berichten, in denen Schüler mit sonderpädagogischem Förderbedarf neu aufgenommen wurden, deckt sich mit den wissenschaftlichen Erkenntnissen zum Thema: So bewerten Lehrkräfte, die bereits ein Jahr lang an allgemeinen Schulen Schüler mit und ohne sonderpädagogischen Förderbedarf gemeinsam unterrichten[3] die Veränderung gegenüber früher überwiegend als positiv. Zwar wird die Unterrichtsvorbereitung als zeitintensiver eingeschätzt; die tatsächlich erlebte Belastung ist jedoch geringer als zu Beginn des Untersuchungszeitraums befürchtet wurde. Auch bei den nicht direkt betroffenen Lehrkräften nehmen die positiven Urteile zu und die Befürchtungen ab. Mehr als ein Drittel der nicht

3 Die befragten Lehrkräfte arbeiten in sog. Integrativen Lerngruppen in der Sekundarstufe.

direkt betroffenen Lehrkräfte wären zukünftig bereit, in einer solchen Klasse zu unterrichten (Amrhein 2011).

In Deutschland war der gemeinsame Unterricht von Schülern mit und ohne sonderpädagogischen Förderbedarf bis vor Kurzem eine Seltenheit. Nur wenige Schulen im Sekundarbereich nahmen Schüler mit sonderpädagogischem Förderbedarf auf. An den meisten Grundschulen war es üblich, Schüler an Förderschulen abzugeben, wenn diese qua Gutachten Anspruch auf sonderpädagogische Förderung haben. Im Schuljahr 2008/2009 besuchten mehr als 80 % der Schüler mit sonderpädagogischem Förderbedarf eine deutsche Förderschule. In den letzten Jahren ist der Anteil der Schüler mit sonderpädagogischem Förderbedarf an allgemeinen Schulen um 5 % angestiegen. Grund dafür ist die von Deutschland 2009 ratifizierte UNESCO-Menschenrechtskonvention für die Belange von Menschen mit Behinderungen, deren § 24 die Schulen und andere Bildungsinstitutionen zur verstärkten Öffnung gegenüber Menschen mit Behinderungen verpflichtet. So werden in Deutschland inzwischen ein Viertel der Schüler mit sonderpädagogischem Förderbedarf an allgemeinen Schulen unterrichtet (Klemm 2013).

1.1.1 *Die Behinderung liegt im Auge des Betrachters*

Von allen Schülern haben im bundesdeutschen Durchschnitt 6,4 % einen offiziell festgestellten sonderpädagogischen Förderbedarf. Dabei fallen erhebliche Unterschiede zwischen den Bundesländern auf: In Mecklenburg-Vorpommern haben 10,9 % aller Schüler einen sonderpädagogischen Förderbedarf. In Niedersachsen sind es weniger als die Hälfte, nämlich nur 4,9 % (ebd.). Woher kommen diese Unterschiede zwischen den Bundesländern? Die Zahlen zeigen, dass nicht die Schüler selbst bzw. deren Beeinträchtigungen und Behinderungen für die Unterschiede verantwortlich sind, sondern dass unterschiedliche Kriterien bei der Diagnose von sonderpädagogischem Förderbedarf angelegt werden.

An ein Gutachten, welches den sonderpädagogischen Förderbedarf ausweist, sind zusätzliche Ressourcenzuweisungen gekoppelt. Jedem Kind mit ausgewiesenem sonderpädagogischen Förderbedarf steht eine festgelegte Anzahl zusätzlicher Förderstunden zu, die der jeweiligen Schule durch personelle und materielle Ressourcen zufließen. Wenn die betroffenen Schüler keine Förderschule, sondern eine allgemeine Schule besuchen, wird die individuelle und förderbedarfsspezifische Ressourcenzuweisung zur Hochrechnung: Je nachdem, wie viele Schüler mit welchem sonderpädagogischen Förderbedarf die allgemeine Schule besuchen, kann mehr oder weniger Personal eingestellt werden. Die enge Koppelung der »Etikettierung« von Kindern mit sonderpädagogischem Förderbedarf einerseits und Ressourcenzuweisung andererseits wird als »Etikettierungs-Ressourcen-Dilemma« bezeichnet. Das »Etikettierungs-Ressourcen-Dilemma« dürfte der Grund für den Anstieg der oben genannten Inklusionsquoten an allgemeinen Schulen sein. Es wurden nämlich in den letzten Jahren immer mehr Gutachten ausgestellt, und gestiegen ist nicht nur die Anzahl der Schüler mit sonderpädagogischem Förderbedarf an allgemeinen Schulen, sondern auch die Anzahl der Schüler an Förderschulen (Klemm 2013). Eine positive Entwicklung in Richtung Inklusion zeigt der Anstieg der »Inklusionsquote« also nicht.

Die kritische These dazu lautet: »Die Behinderung liegt im Auge des Betrachters« (Lindemann u. Vossler 1999): Wenn wir unsere Aufmerksamkeit auf die Behinderung richten, so wird die Benachteiligung in unserem Umgang mit den Betroffenen zugleich hergestellt, konstruiert.

Mehrgliedrigkeit und Segregation

Das deutsche System ist nicht nur mehrgliedrig im Bereich der allgemeinen Schulen, sondern auch im Förderschulbereich hoch spezialisiert. Wir unterscheiden zwischen neun unterschiedlichen Förderbereichen mit entsprechend spezialisierten Förderschulen. Die häufigsten Förderschwerpunkte – nachfolgend genannt in der Häufigkeit des Auftretens – sind

- Lernen
- geistige Entwicklung
- emotionale und soziale Entwicklung
- Sprache
- körperliche und motorische Entwicklung
- Hören und Kommunikation
- psychische Erkrankung[4]
- Sehen.

Für jeden dieser Förderbereiche gibt es Förderschulen.

4 Auch die an Kinder- und Jugendpsychiatrien angeschlossenen Krankenhausschulen gelten als Förderschulen.

Da sich Entwicklungsbereiche gegenseitig beeinflussen, liegt natürlich bei vielen Kindern ein Förderbedarf in unterschiedlichen Bereichen vor. Dennoch verläuft die Ausbildung der Studierenden nach Fachbereichen getrennt – auch wenn die in den spezifischen Förderbereichen ausgebildeten Lehrkräfte für Sonderpädagogik später an Schulen mit Förderschwerpunkten eingesetzt werden, die nicht dem studierten Schwerpunkt entsprechen. Inzwischen gibt es in vielen Bundesländern Verbundschulen, die auf mehrere Förderbereiche spezialisiert sind.

In der Rückschau betrachtet, war die Einführung der Schulpflicht für Kinder mit sonderpädagogischem Förderbedarf – zuletzt für Kinder mit geistiger Behinderung – natürlich ein positiver Impuls. Sie sicherte das Recht auf Bildung für alle Kinder. Bereits 1973 wies der Deutsche Bildungsrat jedoch auf die Aussonderungstendenz der allgemeinen Schulen hin und forderte ein flexibles System von Fördermaßnahmen, welches gemeinsames Lernen ermöglicht. Elternvereinigungen setzen sich seit den 1970er Jahren für den allgemeinen Schulbesuch ihrer Kinder ein und erwirkten den »gemeinsamen Unterricht« zunächst in der Primarstufe, 1985 auch in der Sekundarstufe.

Kritikpunkt an der bisherigen Praxis ist, dass mit der Ausweisung sonderpädagogischen Förderbedarfs dem Kind nicht nur zusätzliche Förderung zugestanden wird, sondern es mit einer defizitorientierten Etikettierung versehen wird. Eigene Schulformen segregieren die Kinder vom allgemeinen System und betonen deren Anderssein und das Defizit zusätzlich. Es wäre aber umgekehrt ein Trugschluss zu meinen, dass mit der Abschaffung von Förderschulen die Vorurteilsbildung und damit verbundene Benachteiligung automatisch abgebaut würden.[5] Vielmehr ist es die Abwertung des Anders-Sein mit der Betonung der Behinderung, also die kategoriale Unterscheidung zwischen Menschen mit und Menschen ohne Behinderung, welche Inklusion verhindert.

Wenn Schüler mit sonderpädagogischen Förderbedarf an allgemeinen Schulen unterrichtet werden und im Sinne der »Zwei-Gruppen-Theorie« (z. B. Hinz 2002) gearbeitet wird, so bleibt die Problematik bestehen: Die zusätzliche Betreuung der Schüler mit Förderbedarf durch Fachpersonal verstärkt die Sichtweise, die Betroffenen

5 Die Umbenennung der Sonderschulen in Förderschulen mit unterschiedlichen Förderschwerpunkten war ein Versuch, statt der Behinderungen die Fördermöglichkeiten zu betonen.

könnten ohne fremde Hilfe nicht zurechtkommen. Dadurch wird ihnen weniger zugetraut und sie trauen auch sich selbst wenig zu. Ein Versuch, auf das »Etikettierungs-Ressourcen-Dilemma« zu reagieren und die beschriebene Defizitorientierung zu überwinden, ist die schulbezogene Ressourcenzuweisung, die nicht mehr an das einzelne Kind gekoppelt ist. Damit verbunden ist sinnvollerweise ein engmaschiges Unterstützungssystem für die Lehrkräfte: Nicht der Schüler oder die Schülerin wird als »Problemfall« definiert und erhält zusätzliche Betreuung, sondern im Fokus stehen die konkreten und fallbezogenen Fragen der Lehrkräfte. Zeit, Ressourcen und Aufmerksamkeit werden in die Beratung und Begleitung der Lehrkräfte investiert. Beispiele aus dem Ausland, insbesondere aus Kanada zeigen, dass dieser Weg lohnend ist.

Gibt es »Inklusionsklassen«?

Der Inklusionsbegriff bezieht sich auf das Anliegen, die Teilhabe- und Partizipationsmöglichkeiten insbesondere für benachteiligte Personen und Gruppierungen zu verbessern. Inklusion bedeutet, einen wertschätzenden Umgang mit Vielfalt zu leben, also mit Unterschieden in

Bezug auf Geschlecht, Alter, Religion, Herkunft, sozialen Status, Berufsgruppenzugehörigkeit, körperliche oder geistige Bedingungen. Zentrales Ziel der Inklusion ist der Abbau von Barrieren: Barrieren im konkreten Wortsinn, also z. B. Barrieren baulicher und struktureller Art, ausgrenzende Regelungen und Abläufe; und Barrieren im Kopf, also Denk- und Verhaltensmuster, die Teilhabe verhindern.

Unter diesem Gesichtspunkt geht das Anliegen der Inklusion weit über schulische Möglichkeiten hinaus. Inklusion bezieht sich also keineswegs auf die Aufnahme von Schülern mit sonderpädagogischem Förderbedarf in allgemeinbildende Schulen: Jeder Mensch ist betroffen, wir alle tragen zum Gelingen von Inklusion bei, zugleich bedürfen wir selbst immer wieder der Teilhabemöglichkeiten, institutionell und im zwischenmenschlichen Umgang. Inklusion in diesem Verständnis ist also kein erreichbares Ziel, sondern vielmehr ein Prozess, der fortwährender Aufmerksamkeit bedarf. Eng mit dem Begriff Inklusion verknüpft sind förderliche Werthaltungen wie Fairness, Vertrauen und Hoffnung (Booth u. Ainscow 2011).

Wenn bei Kindern und Jugendlichen an allgemeinen

Schulen mittels eines Gutachtens sonderpädagogischer Förderbedarf diagnostiziert wird und sie trotzdem in der Schule bleiben, so werden diese Schulen im umgangssprachlichen Sinne zu »inklusiven Schulen«. Meist wird eine »Inklusionsklasse« eingerichtet, die von mehreren Schülern mit Förderbedarf sowie von Schülern ohne sonderpädagogischen Förderbedarf besucht wird. Dort werden auch die für sonderpädagogische Förderung gewährten Lehrerstunden als Doppelbesetzung eingesetzt. Es fällt auf, dass sich die Aufnahme der Schüler mit Förderbedarf an allgemeinen Schulen auf bestimmte Schulformen konzentriert: Insbesondere die Grundschulen und im Sekundarbereich die Haupt- und Gesamtschulen nehmen Schüler mit sonderpädagogischem Förderbedarf auf. Gymnasien bringen sich bis auf wenige Ausnahmen kaum in inklusive Schulentwicklungsprozesse ein. Ist damit der Anspruch der Inklusion eingelöst?

Schulische Inklusion bedeutet, dass Kinder wohnortnah beschult werden können und die inklusive Gestaltung des Sozialraumes in die Schule hineinreicht. Inklusion ist eine Aufgabe der Kommunalpolitik und zugleich ein gesamtgesellschaftliches Thema. Schulische

Sozialisationsprozesse stellen Weichen dafür, wie Schüler später ihr Leben in der Gesellschaft gestalten. Nur wenige der heutigen Erwachsenen haben während ihrer Schulzeit die Möglichkeit gehabt, Kontakte zu Mitschülern mit Behinderung aufzubauen. Zukünftig wird sich dies ändern, und Schule kann zu einem Ort werden, an dem Gleichberechtigung gelebt wird und an dem demokratische Haltungen und Verhaltensweisen gelernt werden. In der Schule wird gelernt, wie mit unterschiedlichen Bedürfnissen und mit Vielfalt umzugehen ist. Dabei bleibt Schule natürlich zugleich auf gesellschaftliche Inklusion angewiesen. Sie wird nicht kompensieren können, was außerhalb der Schule misslingt.

Unter diesem gesellschaftlichen Blickwinkel auf das Thema Inklusion und der Einsicht, dass es dabei um eine Wertschätzung von Vielfalt geht, kann es keine »Inklusionsklassen« geben – die damit verbundene Haltung wäre nicht von der Anwesenheit von Kindern mit sonderpädagogischem Förderbedarfen abhängig, sondern müsste sich auf den Umgang aller Beteiligten miteinander beziehen. Inklusion ist eine Strategie, um schulische Bildung generell zu überdenken und neu zu ordnen. Die

Aufnahme von Schülern an allgemeinen Schulen, ohne die mit der Inklusion verbundenen Werte zu leben, also ohne die Neuorientierung des Schulwesens, bezeichnet Hinz (2013) in Bezugnahme auf Tony Booth als »Desegregation«: Die zuvor übliche Segregation im Rahmen des Förderschulwesens wird zwar aufgehoben, Teilhabe ist damit jedoch nicht garantiert – im Gegenteil kann es sein, dass vom Kind verlangt wird, sich soweit wie möglich an bestehende Routinen und Regelungen der allgemeinen Schule anzupassen. Dies würde dem Inklusionsverständnis widersprechen.

Es ist normal, verschieden zu sein – oder?

Die UN-Menschenrechtskonvention, die schon im Jahr 2006 verabschiedet wurde, ist keineswegs der erste Vorstoß seitens der Vereinten Nationen bezüglich der Thematik Inklusion. Bereits 1994 hat die UNESCO gefordert, dass das segregative Schulsystem, welches die Beschulung von Schülern mit sonderpädagogischem Förderbedarf in spezialisierten Förderschulen vorsieht, aufzuheben. In der UNESCO-Erklärung von Salamanca wird unter Bezugnahme auf die Menschenrechtserklärung von 1948 eine Verpflichtung zur „Bildung für alle" eingegangen.

In einer bekannten Rede verwies Richard von Weizsäcker (1993) auf den normativen Bezugsrahmen der Inklusion:

> »Es ist normal, verschieden zu sein. Es gibt keine Norm für das Menschsein. Manche Menschen sind blind oder taub, andere haben Lernschwierigkeiten, eine geistige oder körperliche Behinderung – aber es gibt auch Menschen ohne Humor, ewige Pessimisten, unsoziale oder sogar gewalttätige Männer und Frauen. In Wirklichkeit freilich ist Behinderung nach wie vor die Art von Verschiedenheit, die benachteiligt, ja bestraft wird. Es ist eine schwere, aber notwendige, eine gemeinsame Aufgabe für uns alle, diese Benachteiligung zu überwinden.«

Neben den normativen gibt es natürlich auch pädagogisch-psychologische Argumente für Inklusion, z. B. Studien zur Leistungsentwicklung bei Kindern mit Lernschwierigkeiten an allgemeinen Schulen. Nicht zuletzt bleibt kritisch anzumerken, dass die getrennte Entwicklung von allgemeinbildenden Schulen und Förderschulen dazu geführt hat, dass Schüler an Förderschulen in Deutschland von allgemeinen Evaluations- und Schulleistungsstudien wie PISA ausgenommen waren. Viele sehen hier einen herben Fehler deutscher Schulpolitik.

Demmer-Dieckmann (2007) schreibt empört:

> »Aufgrund der empirischen Befunde hätte die Schule für Lernbehinderte schon lange abgeschafft werden müssen. Dass wider besseres Wissen an ihr festgehalten wird, hat viele Gründe: Ignoranz gegenüber den Befunden, Sehnsucht nach Homogenität, Entsorgungsmentalität des selektiven Schulsystems, Veränderungsängste, Selbsterhaltungsbestreben der Sonderschule und struktureller Konservatismus in Bildungspolitik, Schulverwaltung und Schulen. Lernbehinderte Kinder haben zudem keine Lobby. Ihre Eltern sind meistens überfordert, sich bildungspolitisch einzusetzen.«

So erweisen sich heute keineswegs nur die Spezialisierung und das von den allgemeinen Bildungsgängen abgekoppelte Förderschulwesen als kritikwürdig. Auch das dreigliedrige deutsche Schulsystem steht in Frage, welches trotz der Kritik der Alliierten nach dem Zweiten Weltkrieg in Deutschland zementiert wurde. (In einem Gutachten der Alliierten wurde schon damals konstatiert, dass die

Dreigliedrigkeit einer Demokratisierung Deutschlands im Wege stünde.) International betrachtet, haben wir in Deutschland in der Sekundarstufe die homogensten Lerngruppen und gleichzeitig die größten Klagen über Heterogenität. Längst wird im Ausland der Umgang mit Heterogenität in der Schule zugleich als ein Qualitätskriterium für schulische Bildung verstanden. Dies zeigen auch viele Gewinner deutscher Schulpreise: Schulen, denen es gelingt, sich pädagogisch und didaktisch auf Heterogenität einzustellen, sind zugleich Schulen mit hoher Schulqualität.

1.2 »Die Schulpolitik verkauft uns ihre Sparmaßnahmen mit der Überschrift Inklusion«

Der Unmut ist groß. Wie soll man sich der Inklusion verweigern, ohne diskriminierend zu agieren? Es wirkt wie eine ausgeklügelte politische Strategie: Unter dem Schutz der UNESCO wird das Thema Inklusion schulpolitisch benutzt, um an den ohnehin unterfinanzierten deutschen Schulen an allen möglichen und unmöglichen Stellen einzusparen. Inzwischen positionieren sich auch die Gewerkschaften kritisch gegenüber der Inklusion:

Es besteht die Gefahr, dass die Politik das »Projekt

> Inklusion« vor die Wand fährt. Gute materielle, räumliche und personelle Bedingungen sind Voraussetzung. Inklusion kann nur gelingen bei umfassender Fortbildung der Kollegien, bei mehr Sonderpädagoginnen und -pädagogen sowie einer möglichst durchgehenden Doppelbesetzung im Unterricht.[6]

Viele Lehrkräfte allgemeiner Schulen ebenso wie sonderpädagogisch ausgebildete Lehrkräfte – darunter viele, die das Thema Inklusion früher befürwortet hatten – fühlen sich durch die politischen Entwicklungen verärgert und verunsichert.

Schulische Inklusion ist (k)ein Sparpaket

Inzwischen gibt es konkrete Hochrechnungen und Empfehlungen zur Personalsituation und Finanzierung schulischer Inklusion. Dabei zeigt sich, dass die Befürchtung, Inklusion sei ein Sparpaket, zwar nicht zutrifft, aber eine bildungspolitisch gestützte Inklusion durchaus Mehrausgaben erforderlich machen würde:

Wenn im Jahr 2020[7] alle im Förderschulbereich ein-

6 Zitiert vom GEW-Plakat *Risiken ernst nehmen. Umsteuern!*

7 Der Gutachter geht davon aus, dass bis zum Jahr 2020 alle Schüler aus den Förderschwerpunkten »Lernen«, »Emotionale und soziale Entwicklung« sowie

gesetzten Vollzeitlehrkräfte an allgemeinen Schulen eingesetzt würden, dann entstünde bis 2020/2021 gegenüber 2009/2010 weitgehend kein personeller Mehrbedarf. Berücksichtigt wird dabei, dass 8000 Stellen aus der demografischen Rendite (d. h. zahlenmäßiger Schülerrückgang) des Förderschulsystems verfügbar sind. Jeder Schüler mit sonderpädagogischem Förderbedarf im Förderschwerpunkt Lernen hätte damit zusätzliche 2,6 Unterrichtsstunden pro Woche, die als Doppelbesetzung oder als individuelle Förderung angerechnet werden könnten. Jeder Schüler mit einem anderen Förderschwerpunkt würde im Durchschnitt zusätzliche 3,6 Unterrichtsstunden pro Woche »mitbringen« (Klemm 2013).

Die damit zur Verfügung stehenden Stunden reichen nicht aus, um den Unterricht an deutschen Schulen in einer Weise zu reformieren, wie dies erforderlich wäre, um dem großen gesellschaftlichen Auftrag der Inklusion gerecht zu werden. So wurde in dem Gutachten von Klemm neben dem kostenneutralen Modell auch ein weiteres Modell berechnet. Hier wird eine fast durchgehende

»Sprache« und 50 Prozent derjenigen, die derzeit noch in den übrigen Förderschwerpunkten in Förderschulen lernen, an allgemeinen Schulen unterrichtet werden.

Doppelbesetzung im Unterricht angestrebt, welche dem Ausmaß der Stunden entspricht, die den Schülern an der Förderschule zur Verfügung standen. Für diese Berechnungsvariante werden in den kommenden 10 Jahren ca. 9300 zusätzliche Lehrkräfte benötigt. Damit entstünden Zusatzkosten in der Höhe von ca. 660 Millionen Euro jährlich. Dieser Zusatzbedarf ist natürlich länderspezifisch unterschiedlich. Hinzu kommen Kosten für den Umbau der Schulgebäude, die in den Berechnungen von Klemm nicht berücksichtigt wurden. Diese immens anmutenden Kosten entsprechen jedoch nur zwei Prozent des gesamten Schuletats.

1.2.1 Schulentwicklung verantwortlich mitgestalten

An Schulen und in der Öffentlichkeit wird die Thematik Inklusion aktuell hauptsächlich unter kritischen Gesichtspunkten diskutiert. Nicht überall wird darüber nachgedacht, was unter den gegebenen Bedingungen möglich ist und wie jeder Einzelne zum gesellschaftlichen Wandlungsprozess beitragen kann.

Schulentwicklung bedarf – wie jede Form der Organisationsentwicklung – der Beteiligung und des Engagements aller. In Nordrhein-Westfalen haben sich kürzlich mehrere Elternvereinigungen in einem Brief zu den aktuellen schulpolitischen Entwicklungen geäußert und den Brief den Schulen im Land zugestellt. Statt aufgrund von suboptimalen Ausgangsbedingungen die Beteiligung zu verweigern, fordern sie Mitgestaltung und Engagement der Lehrkräfte:

> »Wir erleben in Nordrhein-Westfalen ein akzeptierendes, Wege suchendes Land, das sich wahrhaftig Gedanken darum macht, wie der Inklusionsprozess qualitativ und quantitativ vorangetrieben werden kann. Ein Land, das perspektivisch ein inklusives Bildungssystem entwickeln will, das alle Kinder und Jugendlichen, aber auch alle Lehrerinnen und Lehrer und alle Eltern willkommen heißt und als Bereicherung empfindet. Wir erleben aber auch ein Land, das von Sorge getrieben wird und nach Gründen sucht, den Anforderungen der Inklusion aus pädagogischen oder finanziellen Gründen nicht gerecht werden zu können. Ein Land, das perfekte Bedingungen sucht, bevor es bereit ist, sich auf den Weg

zu machen.«[8]

Es ist durchaus berechtigt zu fragen, weshalb so selten die positiven Veränderungen hervorgehoben werden, die mit Inklusion einhergehen. Denn Inklusion verbindet sich gut mit Themen der Schulentwicklung, die aktuell sowieso in Kollegien bearbeitet werden. Einige dieser Themen sind:

- die Veränderung von Zeittaktungen vom 45-Minuten- zum 60-Minuten-Takt
- die Einführung des Ganztagesunterrichts
- methodisch-didaktische Aspekte der Unterrichtsentwicklung
- die Einführung fächer- oder jahrgangsübergreifenden Lernens
- die Förderung des kollegialen Austauschs
- der stärker individualisierend gestaltete Unterricht
- die Veränderungen in Bezug auf Leistungsbewertung und Lernprozessdokumentation

8 Aus dem Brief der Elternvereinigungen NRW »Inklusion darf nicht scheitern«.

Drei auf einen Streich: Gute Schule – gesunde Schule – inklusive Schule

Es gibt aus wissenschaftlicher Sicht ein zentrales Argument für inklusive Schulentwicklung, welches Belege aus unterschiedlichen Forschungsrichtungen miteinander vereint. Es ist die Tatsache, dass mit der Inklusion gleichzeitig Kontexte für Zusammenarbeit an Schulen geschaffen werden. In drei Forschungsbereichen lässt sich das an den Schnittstellen mit dem Thema »kollegiale Zusammenarbeit« aufzeigen:

- *Gute Schule und kollegiale Zusammenarbeit:* Schon in den 1980er Jahren haben Schulforscher herausgefunden, dass feste Kooperationen zwischen Lehrkräften einen positiven Beitrag zur Schulqualität leisten. Sie wirken als Lerngemeinschaften und etablieren einen entwicklungsfreudigen Interaktionsgedanken. Es entstehen produktive Feedback-Kulturen sowie die Offenheit, gemeinsam Neues zu gestalten.
- *Gesunde Schule und kollegiale Zusammenarbeit:* Kollegiale Unterstützung verhilft Lehrkräften nachweislich zu besserer Gesundheit. Sie erleben den Alltag als weniger belastend, können sich nach dem Schultag besser

entspannen, und die Anzahl der Krankentage sinkt.

- *Inklusive Schule und kollegiale Zusammenarbeit:* Inklusion braucht die Zusammenarbeit der Beteiligten. So ist das Scheitern der Inklusion häufig ein Scheitern der Zusammenarbeit der Beteiligten. Umgekehrt wird Teamarbeit als eine Gelingensbedingung der Inklusion formuliert.

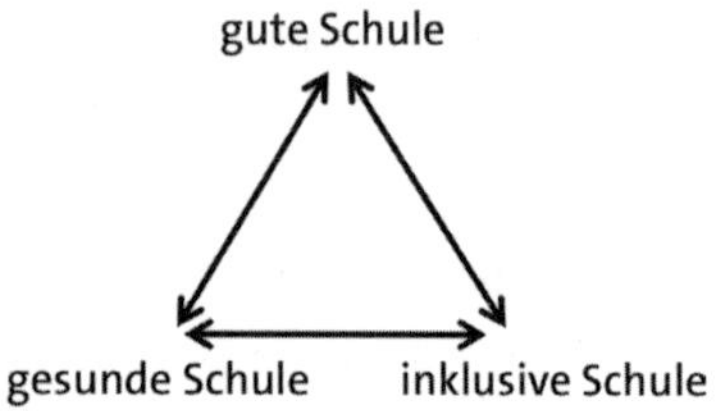

Abb. 1: Drei auf einen Streich:
Teamentwicklung als Ressource für Inklusion

Vielfalt im Team als Chance

Varianten kollegialer Zusammenarbeit werden keineswegs immer ausgeschöpft. Nicht selten beginnt und endet Teamarbeit an Schulen mit der Aufteilung von Verantwortungsbereichen. So ist beispielsweise das sonderpädagogische Personal für die sonderpädagogische Förderung zuständig, die Lehrkraft der allgemeinen Schule unterrichtet das Unterrichtsfach.

Inklusion bedeutet, eine positive Sicht auf Vielfalt einzunehmen, auch auf die Vielfalt im Team. Unterschiedliche Qualifikationen sind dabei nur einer von mehreren relevanten Aspekten der Teamarbeit. Eine wichtige Rolle spielen auch persönliche Vorlieben, Erfahrungen und individuelle Kompetenzen, welche die an der Teamarbeit Beteiligten mitbringen. Mit dem Einbezug solcher Aspekte wächst die Motivation, sich aktiv an der Zusammenarbeit zu beteiligen. So eröffnet sich auch für manch eine Lehrkraft für Sonderpädagogik die Möglichkeit, den Fachunterricht im studierten Unterrichtsfach zu leiten. Denn was viele Lehrkräfte an allgemeinbildenden Schulen gar nicht wissen, ist: Auch die Lehrkräfte für Sonderpädagogik haben parallel zu ihren sonderpädagogischen Schwerpunkten Unterrichtsfächer studiert und dabei in der Regel keine Spezialausbildung erhalten. Sie studieren gemeinsam mit den Studierenden der allgemeinen Lehrämter und waren bisher selbst aufgefordert, die fachbezogenen Inhalte auf »ihre« Schülerpopulation zu beziehen, d. h., sich selbst zu überlegen, wie ein Lerninhalt für Schüler mit Beeinträchtigungen aufbereitet werden müsste.[9] Die Universitäten gehen inzwischen dazu über, dieses Manko der Ausbildung zu beheben – schließlich profitieren alle Studierenden davon, wenn fachdidaktische Fragen im studierten Unterrichtsfach auf heterogene Lerngruppen bezogen werden.

1.3 »Oh nein, jetzt soll ich noch mehr dieser Problemschüler unterrichten!«

Erhebt man in Veranstaltungen zum Thema schulische Inklusion ein Stimmungsbild, so hört man einige der folgenden Äußerungen – jeweils in Klammern gesetzt habe ich die damit gezeigte emotionale Befindlichkeit:

- *(gestresst):* Oh nein, jetzt soll ich noch mehr von den Problemschülern unterrichten! Wir haben doch sowieso schon genügend davon! Abends bin ich am Ende meiner Kräfte.
- *(besorgt):* Ich habe nichts gegen Menschen mit Behinderung. Aber unsere Schule ist einfach nicht auf diese

9 Das ist übrigens ein Kritikpunkt am Ausbildungssystem vieler Hochschulen. Hochschullehrende in den Unterrichtsfächern konnten sich in der Vergangenheit von der Verantwortung freimachen, ihre Fachinhalte auf eine heterogene Schülerpopulation zu beziehen.

Schüler ausgerichtet. Und unser Curriculum doch auch nicht! Wie soll das gehen?

- *(resigniert):* Gut, dass meine Rente bevorsteht! Die nachfolgende Generation tut mir leid.
- *(ärgerlich):* Inklusion wird als Sparmodell genutzt. Das Thema wird auf den Schultern von uns Lehrern ausgetragen! Das wird dem Thema nicht gerecht.
- *(überfordert):* Was habe ich denn mit dem Thema Inklusion zu tun? Ich hab Gymnasiallehramt studiert und nicht Sonderpädagogik! Ich bin für Fachunterricht zuständig.
- *(ratlos):* Das Problem ist nur, dass viele der Kollegen sich da ausklinken werden. Das sind ja immer die Gleichen! Dabei müssten wir jetzt alle an einem Strang ziehen. Auch die Schulleitung.
- *(entsetzt):* Inklusion bedeutet letztlich für mich, dass ich noch mehr Grenzüberschreitungen seitens der Schüler mit Verhaltensproblemen aushalten muss. Ich bin doch jetzt schon so gestresst! Wie soll meine Ehe, meine Familie das aushalten?

1.3.1 Ein »inneres Team« zur Inklusion

Haben Sie sich beim Lesen in einer oder mehreren der Stimmen wiedererkannt? Nicht erst seit dem »inneren Team« von Schulz von Thun (2013) wissen wir, dass wir bei wichtigen Themen häufig nicht nur eine, sondern mehrere Stimmen in uns haben, die sich durchaus widersprechen können. Nehmen Sie sich jetzt etwas Zeit, Ihre inneren Stimmen zum Thema schulische Inklusion zu sammeln. Vielleicht hören Sie ja sogar ganz leise auch eine Stimme, die zuversichtlich klingt?

Tragen Sie hier Ihre eigenen Stimmen zur Thematik ein. Lauschen Sie auch auf die leisen Stimmen, die sich erst zeitverzögert melden:

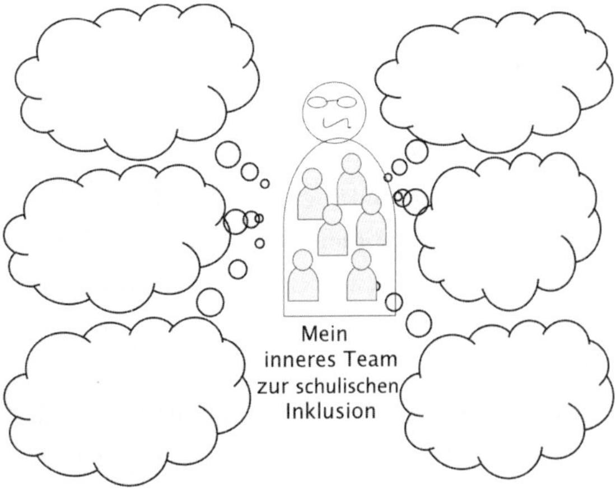

Mit der Inklusion stehen wir zwischen widersprüchlichen Anforderungen

In der Tat: Inklusion geht von einer »Kultur des Behaltens« aus und ist mit unserem dreigliedrigen Schulsystem insofern nicht kompatibel. Zwei unterschiedliche Organisationsformen sollen gleichzeitig praktiziert werden: Zwar besuchen nach der Grundschulzeit die Schüler weiterhin unterschiedliche Schulformen; für Schüler mit sonderpädagogischem Förderbedarf treten jedoch jene Selektionsmechanismen und Selektionskriterien außer

Kraft, die für die anderen Schüler weiterhin gelten. Was könnte widersprüchlicher sein? Und wie soll eine Lehrkraft den Schülern einer Klasse vermitteln, was Sinn dieser Regelung ist, ohne wieder auf die Kategorien »behindert« und »nicht behindert« zurückzugreifen?

Mit schulischer Inklusion verschärfen sich Widersprüche, die unser Schulsystem hervorbringt. Hierzu einige Beispiele (siehe Erbring 2012):

- *Organisation versus Interaktion:* Schulische Inklusion steigert die organisatorische Komplexität durch einen Zuwachs an Aufgaben und Verantwortlichkeiten. Durch zusätzliche pädagogische Anforderungen sowie durch die Interaktionen im Team erhalten Interaktion und Kommunikation zugleich einen besonders hohen Stellenwert. Der Wunsch nach Planungssicherheit kollidiert immer wieder mit unvorhersehbaren Interaktionsereignissen.
- *Einheitlichkeit versus Differenz:* Mit Inklusion verbundene Ziele wie Antidiskriminierung und Abbau von Barrieren der Teilhabe stellen erweiterte Anforderungen und Rollenerwartungen an Lehrkräfte. Das Postulat der Einheitlichkeit bzw. Gleichwertigkeit stößt in der prakti-

schen Umsetzung auf die Notwendigkeit von Ungleichbehandlung, da einzelne Schüler zieldifferent unterrichtet werden oder besondere Unterstützung erhalten.

- *Nähe versus Distanz:* Die Beziehungsgestaltung bildet einen Kernbereich der pädagogischen Arbeit. Das situative Ausbalancieren von affektiver Nähe und professioneller Distanz beispielsweise im Umgang mit Lernenden mit emotional-sozialem Förderbedarf stellt für viele Lehrkräfte eine Schwierigkeit dar.
- *Person versus Sache:* Fachinhalte lassen sich im Unterricht mit heterogenen Lerngruppen kaum effektiv im Frontalunterricht »vermitteln«. Dennoch bleiben ein enges Zeitraster und der Druck durch zu erreichende Lernziele erhalten. Gefragt ist höchstes didaktisches Geschick, sodass individualisiertes Lernen in heterogenen Lerngruppen möglich ist.
- *Autonomie versus Heteronomie:* Lernende mit sonderpädagogischem Förderbedarf sind von besonderen Hilfen abhängig. Das Ermöglichen von Selbstbestimmung bei gleichzeitig bestehenden Abhängigkeitsverhältnissen stellt eine neue Herausforderung für Lehrkräfte allgemeiner Schulen dar.

Es stimmt also: Mit der Inklusion stehen wir zwischen widersprüchlichen Anforderungen. Wenn man sich in problemfokussierender Weise darüber unterhalten möchte, was im deutschen Schulsystem alles verändert werden müsste, dann eignet sich das Zitat aus der Überschrift hervorragend.

1.3.2 Perspektive wechseln

Um eine andere Sichtweise zu verdeutlichen, nun eine Erfahrung aus einer Prozessbegleitung[10]:

Eine Gesamtschule wird im nächsten Schuljahr einige Schüler mit sonderpädagogischem Förderbedarf aufnehmen. Die Lehrkräfte des Jahrgangs bereiten sich in Beratungssitzungen auf die neue Situation vor.

Die Gruppe erlebt insbesondere die organisatorischen Fragen als drängend, z. B. die Verteilung der förderbedürftigen Kinder auf eine oder mehrere Klassen. Im Vordergrund stehen die mit der Thematik verbundenen Ängste und Befürchtungen. Eine Entscheidung für eines der Modelle kommt nicht zustande. Nach einiger Zeit erklärt

10 Um die Anonymität der Gruppe zu schützen, wurden Personen- und Situationsmerkmale verändert.

sich die Gruppe mit meinem Vorschlag einverstanden, lösungsorientiert an die Fragestellung heranzugehen.

Die Lehrkräfte positionieren sich am Ende eines am Boden markierten Zeitstrahls in der Zukunft.

»Stellen Sie sich vor, es sind bereits zwei Arbeitsmonate in der neuen Klasse vergangen. … [Pause] … *Heute fahren Sie zufrieden von der Schule nach Hause. Sie fühlen sich beschwingt, der Tag ist richtig gut gelaufen* … [Pause] … *Sie stellen sich den Tag nochmals ganz genau vor:*

- *Wie ist der Tag verlaufen?* … [Pause] …
- *Was haben Sie konkret erlebt?* … [Pause] …
- *Was ist im Unterricht passiert?* … [Pause] …
- *Wie war der Kontakt mit den Kollegen und Kolleginnen?* … [Pause] …
- *Was ist Ihnen besonders aufgefallen?* … [Pause] … «

Die Gruppe geht mühelos in die angebotene Fantasiereise. Alle entwickeln ihre Vision. Man sieht den Gesichtern an, wie angenehm die Vorstellung ist. Eine entspannte Atmosphäre breitet sich aus, der Problemdruck ist völlig verschwunden. Langsam gehen die Teilnehmer den Zeitstrahl zurück in die Gegenwart des Stuhlkreises und notieren auf Moderationskarten die zentralen Aspekte.

Dann berichten alle nacheinander, was sie erlebt haben.

Eine Teilnehmerin meldet sich als Erste zu Wort und stellt fest:

»Komisch, in meiner Vision kamen die Problemschüler gar nicht mehr vor! Ich habe überhaupt nicht an sie gedacht. Stattdessen habe ich in der Vision vor allem von einer guten Unterrichtsvorbereitung profitiert. Dadurch hatte ich die Möglichkeit, mich intensiv mit den Schülern zu befassen. Mir ist vor allem das positive Klassenklima aufgefallen.«

Ein Kollege berichtet:

»Bei mir war auch das Klassenklima der entscheidende Punkt. Und vor allem der Austausch mit euch, ich habe gemerkt, wie wichtig mir die Gespräche und das gemeinsame Lachen sind. Es war toll, euch um Hilfe und Rat fragen zu können.«

Ein anderer Kollege ergänzt:

»In meiner Szene ist ein Problemschüler ausgerastet, und ich konnte gelassen bleiben. Ich habe im Nachhinein als Berater den Sonderpädagogen hinzugezogen und den Vorfall mit ihm besprochen. Aber das Erstaunliche war für mich, dass ich diesen Rückhalt schon in der Situation selbst gespürt habe. Ich konnte ganz ruhig bleiben. Die Möglichkeit, den Vorfall im Nachhinein besprechen zu können, hat mich in der Situation selbst entspannt gemacht.«

Die Karten mit den Notizen werden in der Mitte des Stuhlkreises gesammelt und geclustert. Am Ende ist deutlich, wie wichtig das Jahrgangsteam ist. Die Kollegen äußern Erstaunen über das Ergebnis: Der Fokus hat sich von der Problemorientierung (die schwierigen Schüler) in die Lösungsorientierung (die Unterstützung im Jahrgangsteam) verschoben.

Wir gehen noch einen weiteren Bearbeitungsschritt: Die Teilnehmer stellen sich erneut auf den Zeitstrahl. Dieser wurde mit einer Skala von 1 bis 10 versehen, die 10 liegt dort, wo sich die Teilnehmer zuvor in der Zukunft positioniert hatten. Die Aufgabe besteht nun darin, sich auf dem Zeitstrahl in der aktuell erlebten Entfernung zur Vision aufzustellen. Die Teilnehmer stellen sich auf – die weiteste Entfernung zur Vision ist die 4, mehrere stehen auf der 8 oder 9. Alle äußern sich zur aktuellen Situation. Das gegenseitige Interesse ist groß. Vieles, was ausgesprochen wird, ist den anderen nicht bekannt. Mit großer Offenheit werden Probleme zur Sprache gebracht, die Teilnehmer stellen gegenseitig Nachfragen.

Bis zur Abschlussrunde bleibt die positive Energie aus der Beschäftigung mit der positiven Vision erhalten. Die Gruppe hat einen Weg aus der Problemtrance gefunden. Eine Teilnehmerin fasst zusammen:

> »Eigentlich glaube ich, dass wir gar nicht so viel verändern müssen – schließlich arbeiten wir als Gesamtschule schon immer in heterogenen Lerngruppen.«

Die folgenden Sitzungen widmen sich der Frage, wie das anvisierte Ziel realisiert werden kann. Dabei wird die Teamentwicklung in den Vordergrund gestellt. Relevante Fragen für das Jahrgangsteam sind:

- Wie können wir unsere gegenseitige Ansprechbarkeit und Unterstützung gewährleisten?
- Welches sind unsere gemeinsamen Aufgaben?
- Wie können wir unser Expertenwissen einbringen, sodass alle davon profitieren?

Lehrkräfte brauchen Sicherheiten durch Schulregeln

Angenommen, man würde die unvereinbaren Widersprüche weniger als Vorwurf an die Schulpolitik formulieren, sondern als Bestandteil des pädagogischen Aufgabenspektrums. Wo liegen dann aus systemischer Sicht die Lösungen?

Lösungen liegen aktuell vor allem auf der Ebene der Einzelschule. Dazu ein Beispiel, das viele Lehrkräfte kennen: Es ist Elternsprechtag, und ein Elternpaar macht Ihnen massive Vorhaltungen, z. B. zum Umgang mit einem Konflikt. Versetzen Sie sich nacheinander in folgende zwei Varianten des Gesprächsverlaufs:

1. Sie setzen sich mit dem Elternteil auseinander und begründen Ihre Entscheidungen in Bezug auf Ihren Umgang mit dem Konflikt (alternativ: Notengebung etc.).
2. Sie setzen sich mit dem Elternteil auseinander und begründen Ihre Entscheidungen mit Verweis auf schulische Regelungen.

In der ersten Variante steht Argument gegen Argument. Letztlich sitzen Sie an einem längeren Hebel, möglich sind aber auch langwierige Konflikte. In der Auseinandersetzung kann es sogar passieren, dass das Thema, um das es eigentlich geht, in den Hintergrund rückt.

In der zweiten Variante entsteht eine Kooperationsmöglichkeit mit den Eltern. Diskutiert werden nicht die

Regeln, auf denen getroffene Entscheidungen beruhen, sondern die im Rahmen der bestehenden Regelungen verbleibenden Handlungsmöglichkeiten. Die Formulierung von Regelungen, die nicht einengen, aber Rückhalt bieten, ist deshalb ausgesprochen wichtig (siehe hierzu Hubrig u. Herrmann 2007).

Übrigens: Das Aushalten von Widersprüchen gehört unter der Überschrift »Ambivalenz-Management« zu den sieben Ressourcen für Lehrergesundheit (siehe Kapitel 1.4.1).

1.4 »Inklusion macht uns Lehrer krank«

Viele Lehrkräfte befürchten, sie könnten den zukünftigen Belastungen gesundheitlich nicht standhalten. Dass Inklusion als Mehrbelastung gesehen wird, ist unter den gegebenen Voraussetzungen problematisch. Denn bei Lehrkräften besteht im Vergleich mit anderen Berufsgruppen ein erhöhtes Risiko, psychisch oder psychosomatisch zu erkranken, jede zweite Lehrkraft zeigt gesundheitsgefährdende Risikomuster im Erleben und Verhalten (Schaarschmidt u. Kieschke 2007). Inzwischen ist auch der Zusammenhang zwischen Unterrichtsqualität und

Lehrergesundheit nachgewiesen: Psychisch stabile Lehrkräfte unterrichten im Gegensatz zu denjenigen mit gesundheitsgefährdenden Risikomustern stärker schülerbezogen und befähigen die Schüler in höherem Maße zu selbstständigem Arbeiten. Sie werden von ihren Schülern als überwiegend gerecht beurteilt und unterrichten in einem angemessenen Interaktionstempo (Klusmann et al. 2006).

Zwischen gesunden und von Erkrankung bedrohten Lehrkräften gibt es einen entscheidenden Unterschied: Während gesunde Lehrkräfte sich engagiert in ihren Beruf einbringen und zugleich eine professionell ausgereifte Distanzierungsfähigkeit mitbringen, zeigen sich hier bei den anderen Gruppen Schwierigkeiten. Im Risikomuster *Anstrengung* geht hohes Engagement mit geringer Distanzierungsfähigkeit einher, im Risikomuster *Burnout* sind sowohl Engagement als auch Distanzierungsfähigkeit eingeschränkt. Lehrkräfte im Muster *Schonung* zeigen hohe Distanzierungsfähigkeit bei geringem Engagement, was auf Dauer ebenfalls zu Erkrankungen führt – denn ohne Engagement erhält man zu wenig positives Feedback, und auch das macht krank.

Muster *Gesundheit*	Engagement +	Distanzierungsfähigkeit +
Risikomuster *Anstrengung*	Engagement +	Distanzierungsfähigkeit -
Risikomuster *Burnout*	Engagement -	Distanzierungsfähigkeit -
Muster *Schonung*	Engagement -	Distanzierungsfähigkeit +

Tab. 1: Lehrergesundheit in den Kategorien Engagement und Distanzierungsfähigkeit, vereinfacht nach Schaarschmidt u. Kieschke (2007)

Eine »Faustregel« für Lehrergesundheit

Gesundheit resultiert aus einem Zusammenspiel von Ressourceninvestition und Ressourcenerhalt (Klusmann et al. 2009). *Ressourceninvestition*, das bedeutet Engagement und Motivation. *Ressourcenerhalt* meint Widerstandskraft und Distanzierungsfähigkeit. Die Bereitschaft, sich engagiert der Bewältigung beruflicher Anforderungen zuzuwenden, ist also für den Erhalt von Lehrergesundheit ebenso wichtig, wie der Einsatz von Widerstandskraft, um vorhandene Ressourcen zu erhalten und zu schützen. Bei übermäßig starker Distanzierung gegenüber beruflichen Anforderungen steigt längerfristig die Wahrscheinlichkeit, ein gesundheitsgefährdendes Burnout-Muster zu entwickeln – Schonung ist keine Erfolg versprechende Strategie für den Erhalt von Lehrergesundheit, Engagement ist gleichermaßen wichtig. Somit gilt die »Faustregel«:

Gesundheit = Ressourceninvestition plus Ressourcenerhalt

Ein »Burnout-Rezept«

Nachfolgend ein Gedankenexperiment: Wenn man nun die Sichtweise beibehält, dass Inklusion eine nicht zu bewältigende externe Anforderung ist, die ohne die Bereitstellung adäquater Rahmenbedingung von schulpolitischer Seite gefordert wird – welche krankmachende Erlebens- und Verhaltensvarianten könnten sich daraus entwickeln? Ich zeige dies anhand der vier Erlebens- und Verhaltensmuster nach Schaarschmidt/Kieschke (2007).

Wenn Lehrkräfte die Thematik Inklusion vorrangig als externe Anforderung sehen, dann …

- trifft dies bei Lehrkräften im Risikomuster *Anstrengung* auf eine hohe Bereitschaft, externe Anforderungen anzunehmen und sich mit großem Arbeitseinsatz der Erfüllung der als bedeutsam wahrgenommenen Aufgabe zuzuwenden. Mit der Inklusion zusätzlich anfallende Aufgaben werden möglicherweise für diejenigen Kollegen erledigt, die sich der Verantwortung entziehen. Wenn die Hoffnung auf Anerkennung und Würdigung des eigenen Einsatzes unerfüllt bleibt, können sich hieraus verstärkt negative Emotionen und Frustration über die mangelnde Solidarität im Kollegium entwickeln.

Längerfristig besteht erhöhtes Erkrankungsrisiko.

- werden sich bei Lehrkräften im Risikomuster *Burnout* die Gefühle der Erschöpfung, Niedergeschlagenheit und Resignation vermutlich verstärken. Die gering ausgeprägte Kompetenz zur Problembewältigung und das damit verbundene Gefühl der Hilflosigkeit bei gleichzeitig eingeschränkter Motivation und niedriger Bedeutsamkeit der Arbeit wirken sich negativ auf die Gesundheit und auf die Gestaltung des Unterrichts aus. Es bestehen kaum noch Möglichkeiten der Distanzierung gegenüber den als überfordernd erlebten Anforderungen.
- könnte sich im Muster *Schonung* die Tendenz zur Distanzierung von beruflichen Anforderungen verstärken. Die mit der Thematik Inklusion einhergehenden Anforderungen werden weniger als eine Herausforderung, sondern vielmehr als unangemessene und unter den aktuellen Bedingungen nicht zu leistende Forderungen wahrgenommen. Aufgrund fehlender Motivation zur Auseinandersetzung mit der Thematik und fehlender Anreize wird die Thematik lautstark abgewehrt, oder es findet ein leiser Rückzug statt (»in-

nere Kündigung«). Bei Beibehaltung dieses Zustandes droht der Verlust des positiven Lebensgefühls und der inneren Ruhe. Dadurch entsteht ein erhöhtes Risiko zur Entwicklung des Musters *Burnout*.

- ist es bei Lehrkräften im Muster *Gesundheit* die Frage, ob es ihnen gelingt, ihre Widerstandskraft und ihr Engagement beizubehalten. Wenn sie die Thematik Inklusion ausschließlich als externe Anforderung auffassen, so könnten auch diese Lehrkräfte gesundheitsgefährdende Erlebens- und Verhaltensmuster entwickeln.

1.4.1 Wie Inklusion gesund machen kann

Lehrergesundheit ist das Ergebnis eines komplexen Zusammenhangs von subjektiven Bewertungen, äußerer Belastungsfaktoren und der persönlichen Form des Umgangs damit (Döring-Seipel u. Dauber 2010). Lehrergesundheit ist also nicht primär durch äußere Belastungsfaktoren bestimmt. Eine Veränderung der Rahmenbedingungen allein genügt nicht, um Lehrergesundheit zu fördern. Vielmehr gilt es zu klären, wie Lehrkräfte in höherem Maße befähigt werden können, interne und externe Ressourcen zu nutzen.

Haben Sie sich in einem der oben beschriebenen gesund- oder krankmachenden Muster wiedergefunden?

Der heimliche Gewinn aus dem Symptom

Einmal angenommen, Sie wollten einen gesundheitsfördernden Weg einschlagen. Zunächst wäre dann zu klären, welchen heimlichen Gewinn Ihnen das Beibehalten der vertrauten Erlebens- und Verhaltensweise verschafft. Denn um etwas zu verändern, muss klar sein, worauf man eventuell verzichten müsste. Wenn der heimliche Gewinn bedeutsam ist, so kann man darauf trotz Leidensdrucks nicht ohne Weiteres verzichten. In Veränderung zu investieren wäre dann vergebliche Mühe und vertane Zeit.

Um dem heimlichen Gewinn auf die Spur zu kommen, lade ich Sie an dieser Stelle ein, sich gedanklich in das Thema Inklusion hineinzubegeben, zu spüren, wie es Ihnen »auf den Leib rückt«. Denken Sie daran, wie Ihnen ohne weitgehende Unterstützung zugemutet wird, mit erheblichem Mehraufwand zu arbeiten. Beobachten Sie Ihre Reaktionen und notieren Sie Ihre Ergebnisse in der Tabelle:

	Einschätzung:	Was passiert als Folge davon? Und dann?	Kommentar:
Distanzierung und Widerstandskraft: Erhöht sich diese oder sinkt sie?			
Engagement: Zurückgenommen oder verstärkt eingesetzt?			
Emotionaler Zustand: Positiv oder negativ?			
Weitere Aspekte:			

Betrachten Sie Ihre Notizen und ergänzen Sie weitere Aspekte, die Ihnen aufgefallen sind!

Der nächste Schritt besteht darin, in Ihren Ergebnissen den heimlichen Gewinn zu suchen. Dabei können folgende Leitfragen helfen:

- Wie verhalten sich andere Menschen Ihnen gegenüber, wenn Sie unter Stress stehen?
- Was tritt infolge Ihres Verhaltens immer ein (darauf können Sie sich verlassen)?
- Wer profitiert von Ihrem Verhalten?

- Was ist das Gute am Schlechten? Gibt es eine positive Begleiterscheinung?

Heimlicher Gewinn:	Einschätzung:

Haben Sie einen heimlichen Gewinn entdeckt? Entscheiden Sie nun, ob Sie diesen aufzugeben bereit sind! Worauf müssten Sie verzichten, wenn Sie Ihren Umgang mit dem Thema Inklusion verändern würden? Und als Idee: Könnten Sie den heimlichen Gewinn in anderen, weniger gesundheitsgefährdenden Bereichen erhalten?

Andere Bereiche, in denen ich den Gewinn auch erhalte:	Wovon werde ich mich verabschieden?

Die sieben wichtigsten Gesundheitsressourcen für Lehrkräfte

Folgende Ressourcen sind für Lehrergesundheit besonders wichtig:

- *Selbstwirksamkeit:* die positive Einstellung zu sich selbst und den eigenen Wirkungsmöglichkeiten.
- *Engagement:* die Bereitschaft, sich beruflich zu engagieren, sich Ziele zu stecken und diese zu verfolgen.
- *Bedeutsamkeit der Arbeit:* die subjektive Bedeutsamkeit der Arbeit und – damit verbunden – die Erfahrung von Sinn im eigenen Tun.
- *Distanzierungsfähigkeit:* Entscheidungsmöglichkeiten, Widerstandskraft und Distanzierungsmöglichkeiten im Umgang mit beruflichen Anforderungen.
- *Ambivalenz-Management:* Ungewissheit und Widersprüchlichkeit aushalten.
- *Selbstsorge:* Achtsamkeit und positive Emotionen.
- *Kollegiale Unterstützung:* das Gefühl, im Kollegium sozial aufgehoben zu sein und berufliche Beziehungen produktiv nutzen zu können.

Kreuzen Sie bitte in der folgenden Übung an, wie stark Sie momentan auf die folgenden Ressourcen zurückgreifen können: 10 bedeutet »vollkommen, zu 100 % verfügbar«. 1 bedeutet »kaum verfügbar«.

Die sieben wichtigsten Gesundheitsressourcen für Lehrkräfte										
	1	2	3	4	5	6	7	8	9	10
Selbstwirksamkeit										
Engagement										
Bedeutsamkeit der Arbeit										
Distanzierungsfähigkeit										
Ambivalenz-Management										
Selbstsorge										
Kollegiale Unterstützung										

Überlegen Sie jetzt bitte, bei welcher der Ressourcen Sie ansetzen können, um Ihre Situation im gesundheitsförderlichen Sinn zu verbessern. Was nehmen Sie sich konkret vor?

....

....

....

Wie können Sie sichergehen, dass Sie sich an Ihre Zielsetzung halten?

....

....

....

1.5 Fazit: Inklusion als Überforderung oder Inklusion als Ressource?

Überforderung entsteht, wenn nicht genügend Ressourcen für die Bewältigung gestellter Anforderungen zur Verfügung stehen. Überforderung entsteht auch, wenn Anforderungen ohne subjektiv erlebten Sinn erfüllt werden sollen, d. h., wenn sie nicht mit den internen Anforderungen in Verbindung gebracht werden können. Im systemischen Verständnis wird das Zusammenwirken von Anforderungen und Ressourcen erklärt: Externe und interne Anforderungen werden unter der Nutzung interner und externer Ressourcen bewältigt. Da alle Aspekte in Wechselwirkung miteinander stehen, bieten sich in allen Bereichen Ansatzpunkte für Veränderungen:

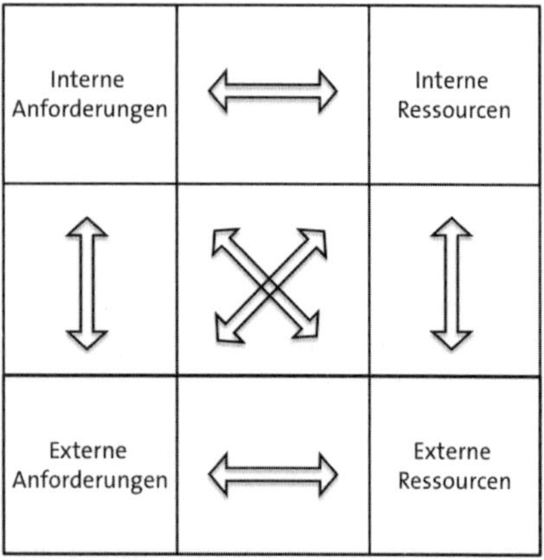

Abb. 2: Ein systemisches Anforderungs-Ressourcen-Modell

Wenn wir das Modell auf die aktuelle schulische Situation anwenden, dann finden wir Inklusion als externe Anforderung (siehe Nieskens, Rupprecht u. Erbring 2012). *Externe Anforderungen* sind durch äußere Vorgaben bestimmt. Bedürfnisse wie das Erleben von Kompetenz, das Bedürfnis nach Zugehörigkeit und Autonomie dagegen beschreiben *interne Anforderungen.* Interne Anforderungen definieren sich über individuelle Werte, Normen und Ziele. Sie stehen nicht immer im Einklang mit externen Anforderungen. Die Beurteilung von Handlungsergebnissen als Erfolg oder als Misserfolg hängt von internen Anforderungen ab, welche entsprechende Bewertungsmaßstäbe bereitstellen. So verschafft das Erfüllen interner Anforderungen Bestätigung und setzt Anreize für Entwicklung.

Wichtige *interne Ressourcen* wurden bereits im letzten Kapitel genannt, z. B. Bedeutsamkeit der Arbeit, Distanzierungsfähigkeit (siehe 1.4.1). Die wichtigste externe Ressource ist das soziale berufliche Umfeld. Gemeinsame Überzeugungen und Werte innerhalb einer Institution, der gut ausgeprägte Zusammenhalt im Kollegium und die Unterstützung seitens der Schulleitung tragen zur Vermeidung von Stress bei und stärken Lehrkräfte nachweislich in der Bewältigung der täglichen Anforderungen.

Das Anforderungs-Ressourcen-Modell macht deutlich, dass es bei der Bewältigung externer Anforderungen unterschiedliche Ansatzpunkte gibt – die Veränderung externer Anforderungen, also beispielsweise der Rahmenbedingungen, ist nur einer davon. Nachfolgend werden deshalb andere Ansatzpunkte skizziert und im Hinblick auf ihren weiterführenden Beitrag zur Lehrergesundheit erläutert. Es geht dabei nicht darum, die Relevanz von

Rahmenbedingungen zu verharmlosen. Unter Gesundheitsaspekten ist es jedoch notwendig, weitere Ressourcen zu heben. Systemisch gesprochen: Es geht nicht um ein »Entweder-oder«, sondern um ein »Sowohl-als-auch«.

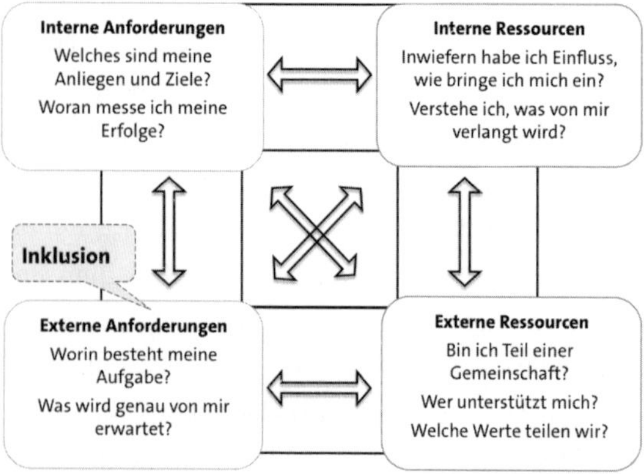

Abb. 3: Inklusion als externe Anforderung

1.5.1 Gesundmachende inklusive Schulentwicklung

Die Differenzierung zwischen externen und internen Anforderungen ist für inklusive Schulentwicklung extrem wichtig. Denn mit der heterogenen Schülerschaft werden neue Maßstäbe für Erfolg und Misserfolg erforderlich.

Wenn nämlich interne Anforderungen dauerhaft nicht erreicht werden – beispielsweise weil Ziele und Erfolge nicht klar definiert wurden oder bezogen auf die Lerngruppe prinzipiell unerreichbar sind – hat dies negative Auswirkung auf das Selbstwirksamkeitserleben. Dieses wiederum ist entscheidend für Lehrergesundheit. Supervision hilft dabei – denn sie liefert geeignete Arbeitsmethoden, um neue Denk- und Handlungsmuster zu entwickeln.

Externe Anforderung ≠ interne Anforderung

Häufig weichen interne und externe Anforderungen voneinander ab. Was ich mir selbst vornehme und was andere von mir erwarten ist unterschiedlich. Externe Anforderungen sind in diesem Fall umzuformulieren, vorläufig abzulehnen oder als Etappenziele zu formulieren. Wichtig ist, dass Lehrkräfte sich mit Kolleginnen und Kollegen hinsichtlich ihrer Sichtweisen auf Anforderungen im geschützten Raum austauschen können. Auch hierfür bieten sich moderierte Beratungssettings an. Die Erleichterung ist groß, wenn offen über Ziele und Schwierigkeiten im Umgang mit internen und externen Anforderungen gesprochen werden kann.

Folgende Aufgaben können dabei helfen, Anforderungen zu klären:

- Worin besteht meine Aufgabe? Was wird von mir erwartet? Kennen andere meine Aufgaben?
- Welches sind meine eigenen beruflichen Anliegen und Ziele? Woran messe ich meine Erfolge? Mache ich Erfolge für mich selbst und für andere deutlich?
- Welche Unterschiede bestehen zwischen meinen internen und den externen Anforderungen? Wie werde ich mit den Diskrepanzen umgehen?

Sinn und Verstehen als interne Ressourcen

In der Salutogenese, einem wissenschaftlichen Ansatz zur Entstehung von Gesundheit, wird herausgestellt, dass *Sinn* und *Verstehen* wichtige Ressourcen für Gesundheit darstellen. Für Schulentwicklungsarbeit bedeutet dies, dass Lehrkräfte die Gelegenheit erhalten müssen, sich mit den Anliegen und Zielen der Inklusion auseinanderzusetzen. Diese Auseinandersetzung findet schulintern eher selten statt, obwohl es viele Anregungen dazu gibt, z. B. Reflexionsfragen zur werteorientierten Schulentwicklung mit dem Index für Inklusion (z. B. Boban u. Hinz 2003).

Statt Schulentwicklung auf der Werteebene anzuregen, werden an Schulen vorschnell neue Ziele gesteckt. Damit kommt es im Hinblick auf die notwendige Veränderung zu diffuser Ablehnung, die Veränderungen werden dauernd hinterfragt und/oder durch passives Verhalten unterlaufen.

Bei der Förderung von Sinn und Verstehen hat auch die Schulleitung eine wichtige Rolle. Folgende Fragen geben Schulleitungen Anregung, wie Sinn und Verstehen im Kollegium unterstützt werden (Unfallkasse NRW 2010):

- Wissen alle im Kollegium, dass sie meine Unterstützung haben?
- Sind Entscheidungsgrundlagen im Kollegium transparent?
- Haben wir einen guten Informationsfluss innerhalb der Schule?
- Haben wir gemeinsame Ziele, auf die wir hinarbeiten?

Soziale Unterstützung im Kollegium als externe Ressource

In Lehrerkollegien sind unterschiedliche Meinungen und Einstellungen zum Thema Inklusion zu erwarten. Ein nicht unerheblicher Teil befragter Lehrkräfte lehnt die schulische Inklusion klar ab oder äußert sich zurückhaltend.

Die Vielfalt der Meinungen zur Thematik stellt kein grundsätzliches Hindernis für inklusive Schulentwicklung dar: Schulentwicklungsaufgaben sind vielfältig, und kritische Stimmen können an vielen Stellen helfen, die notwendig Perspektivenvielfalt im Hinblick auf Wege und Lösungen zu behalten. Kritische Stimmen sollten gehört werden, aber den kollegialen Austausch nicht dominieren. Dies erfordert eine konstruktive Kommunikations-, Team- und Konfliktkultur, die an vielen Schulen nicht vorzufinden ist: Aushandlungsprozesse kooperierender Lehrkräfte sind oft wenig konstruktiv, Erwartungen an Teampartner werden selten offen geäußert.

Ein wichtiger Schritt gesundmachender Schulentwicklung besteht für Schulen deshalb darin, den kollegialen Zusammenhalt und die sozialen Unterstützungsmöglichkeiten im Kollegium zu entwickeln. Dabei bilden auch kollektive Selbstwirksamkeitserwartungen eine wichtige Ressource für Lehrergesundheit, z. B.: »Ich bin davon überzeugt, dass wir als Lehrer gemeinsam für pädagogische Qualität sorgen können, auch wenn die Ressourcen der Schule geringer werden sollten« (Schwarzer u. Warner 2011).

Insbesondere während der Anfangsphase ist die Begleitung durch Teamsupervision empfehlenswert. Auch die Rolle und Aufgabe der Schulleitung in der Begleitung der Teamentwicklung ist zu klären (siehe Kapitel 3.4.1). Erst im strukturierten und moderierten Rahmen entstehen Teams, die soziale Unterstützung im Kollegium bieten und zur qualitativen Verbesserung der gemeinsamen Arbeit beitragen können. Im Rahmen eines Workshops kann Teamarbeit mit der Übung »Bilanzwippe« angebahnt werden. Die Übung kann allein oder zusammen mit Kollegen durchgeführt werden. Ziel ist es, Faktoren der Belastung und der Entlastung durch Teamarbeit zu identifizieren und die Erfahrungen für künftige Teamentwicklung zu nutzen (siehe Erbring 2012).

Denken Sie an Ihre Erfahrungen der Zusammenarbeit. Unterscheiden Sie:

- Inwiefern habe ich Zusammenarbeit als belastend erlebt?
- Inwiefern habe ich Zusammenarbeit als entlastend erlebt?

Notieren Sie Ihre Antworten stichwortartig neben dem entsprechenden Ende der Wippe.

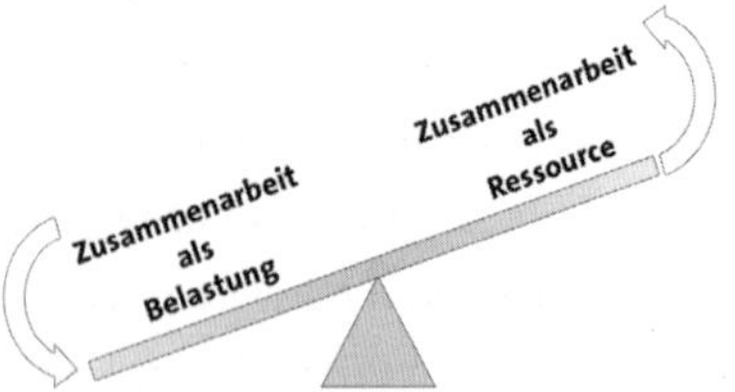

Abb. 4: Bilanz-Wippe

Bilanzieren Sie nun:

- Wo steht weniger, wo mehr? Weshalb?
- Welche der Erfahrungen fallen weniger, welche fallen mehr ins Gewicht?
- Welche der Erfahrungen liegen schon länger zurück? Welche sind aktuell?
- Bewegt sich die Wippe, oder ist sie statisch?
- Welche äußeren Faktoren stabilisieren bzw. destabilisieren die Wippe?
- Inwiefern könnte eine der Belastungen zur Entlastung werden?
- Welche Spielregeln kann ich aus den Belastungen für zukünftige Kooperationen ableiten?

2 Inklusion als U-Prozess

Jede Schule ist anders – einen typischen Entwicklungsverlauf inklusiver Schulentwicklung gibt es sicherlich nicht. Das nachfolgend dargestellte Prozessmodell zeigt wichtige Stationen inklusiver Schulentwicklung auf und gibt eine Orientierung, welche nächsten Schritte im Schulentwicklungsprozess anstehen. Das Modell dient auch als Reflexionshilfe, indem es auf typische Schwierigkeiten und mögliche Orientierungen hinweist (siehe Kapitel 4).

Inklusion als »U-Prozess« zu beschreiben greift eine Idee auf, die ursprünglich aus dem Konfliktmanagement stammt und inzwischen vielfach auf Veränderungsprozesse in Organisationen bezogen wurde (z. B. Scharmer 2009), auch auf inklusive Schulentwicklung. Meine Version weicht in mehreren Punkten vom ursprünglichen Ansatz ab, die hier nicht erläutert werden.

Grundzüge des Modells »Inklusion als U-Prozess«:

- Inklusive Schulentwicklung ist ein Prozess, der von den Beteiligten gemeinsam gestaltet wird. Deshalb bildet die Situation der Beteiligten den Ausgangspunkt und der gemeinsame Prozess die Zielperspektive.
- Dreh- und Angelpunkt des Modells ist die Entwick-

lung einer lösungsorientierten Haltung. Gelingt dies, so findet Neuorientierung statt und bereitet der gewünschten Veränderung den Weg.

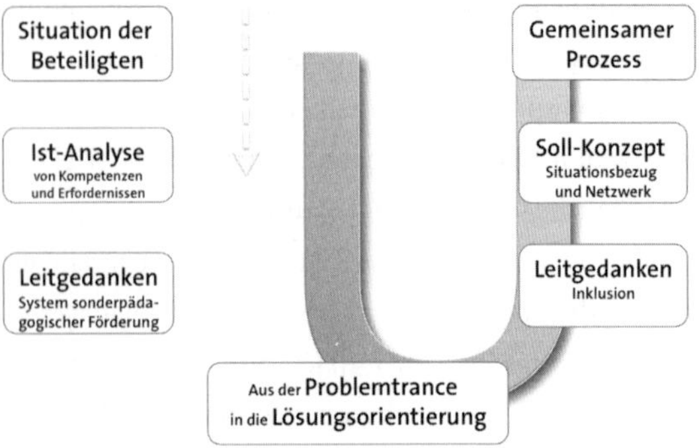

Abb. 5: Inklusion als U-Prozess

2.1 Situation der Beteiligten: Wir werden gesehen und gehört

Der Prozess beginnt mit der Beschäftigung mit der Situation der Beteiligten. Zentraler Punkt ist, dass nicht jetzt schon pragmatisch vom Ziel der Veränderung her gedacht wird. Zur Erfassung der Ausgangslage und der aktuellen Befindlichkeit der Beteiligten sind Gelegenheiten zum Austausch erforderlich. Die anstehenden Veränderungen lösen Ängste und Befürchtungen aus, ebenso das Thema »Behinderung«. Notwendig ist ein moderierter Austausch, in dem die Beteiligten Gehör finden.

Wer sind die Beteiligten? Im besten Fall werden Veranstaltungen organisiert, zu denen nicht nur die Lehrkräfte und Leitungskräfte, sondern auch die Schüler, die Eltern und das gesamte schulische Personal eingeladen sind. Die Großveranstaltungen werden als »Open Space« oder »Zukunftswerkstätten« moderiert: Das Thema Veränderung wird als positiver Impuls für Schulentwicklung genutzt. Im Rahmen des Tages bzw. der Tage werden Probleme des Schulalltags und des alltäglichen Umgangs miteinander identifiziert und gemeinsam Lösungen entwickelt. In solchen Großveranstaltungen gelingt es häufig, bis zum Scheitelpunkt des »U« vorzudringen.

Viele Veranstaltungen finden jedoch in kleinerem Rahmen statt, als Pädagogische Tage oder schulinterne Lehrerfortbildung. Auch diese Veranstaltungen sind sinnvoll und leisten einen wichtigen Beitrag zur Schulentwicklung – vorausgesetzt, systemisches Beraterwissen wird eingebracht (Kapitel 3.1). Beteiligte sind hier neben der Schulleitung das gesamte Kollegium. Auch in diesem Rahmen wird zunächst die aktuell erlebte Belastung durch schulische Themen und die Situation im Kollegium beleuchtet. Dies geschieht vor dem Hintergrund der Frage »Wie geht es Ihnen momentan?«. Wichtig bleibt, bei aller Würdigung und Anerkennung bestehender Belastungen und Vorbehalte nicht im Klagen zu verweilen.

Als ein Einstieg in den Prozess eignen sich Fragen, die auf einen produktiven Austausch auf der Grundlage der aktuellen Befindlichkeit abzielen. Hier einige Beispiele:

- Angebote zur Lehrergesundheit, z. B. Stressbewältigung, Zeitmanagement, Entspannungsübungen
- Ressourcen-Übungen (z. B. Kapitel 1.4.1)
- »Inneres Team« (Kapitel 1.3.1)
- Sammeln bestehender Unterstützungsangebote an der Schule – für Schüler und für das Kollegium
  - (Anregung: z. B. kooperatives Lernen, Gruppentrainings, Schulregeln, Umgang mit Mobbing, Gewaltprävention, verlässliche Zusammenarbeit, Transparenz schulischer Abläufe und Entscheidungsprozesse, Konfliktlösefähigkeit etc.)

2.2 Ist-Analyse: Was können wir? Das können wir.

Konkretisieren lassen sich die gewonnenen Erkenntnisse aus dem kollegialen Austausch dann in Form einer Ist-Analyse. Zentrale Frage sollte sein: »Was können wir?« In kollegiumsinternen Veranstaltungen ist es gut, bereits hier bestehende Strukturen und Praktiken der Zusammenarbeit als Ressourcen zu nutzen. So gebe ich in Veranstaltungen stets die Möglichkeit, in bereits bestehenden Gruppen zu arbeiten (z. B. in Jahrgängen, Stufen oder Fachgruppen). Ziel der Arbeitsphasen ist es, bereits bestehende Gruppenidentitäten aufzugreifen, sie zu stärken und als Ressource für Schulentwicklung zu nutzen. (Ich habe die damit verbundene theoretische Überlegung im Kapitel 1.5.1 dargestellt.)

Eine ressourcenorientierte Frage hierzu ist z. B.:

- Was können die Schüler von Ihrem Vorbild lernen?
  - *Anregungen:* In Bezug auf Teamarbeit Feedback geben und nehmen, Fragen stellen, Akzeptanz zeigen, sich verantwortlich in schulische Belange einbringen, Räume gestalten etc.

Inklusion bedeutet, Vielfalt wertzuschätzen. Dies gilt auch für die Vielfalt in Lehrerteams. Vielfalt in der Teamarbeit bedeutet mehr, als unterschiedliche fachliche Qualifikationen zu berücksichtigen. Die Überbetonung der fachlichen Qualifikationen kann im Gegenteil sogar den gruppeninternen Austausch behindern. Wertschätzung von Vielfalt bedeutet, als Person gesehen zu werden. Empfehlenswert ist es, Material zum Austausch über vorhandene Fähigkeiten und Erfahrungen innerhalb der Gruppen zu nutzen.

Geeignete Fragen zur Erkundung der Vielfalt in Teams sind z. B.:

- Wer denkt über den Tellerrand hinaus und hat Interesse an Erneuerung?
- Wer ist innovativ und besitzt eine gute Vorstellungskraft?
- Wer aktiviert Gruppen und ist begeisterungsfähig?
- Wer moderiert gut und bewahrt die Ruhe?
- Wer ist besonders empfindsam und pflegt die Beziehungen im Team?
- Wer sorgt für eine hohe Arbeitsqualität, ist besonders sorgfältig und fleißig?
- Wer beobachtet und analysiert gut?
- Wer ist zuverlässig und regelbewusst?

Denken Sie nicht nur an Ihre Selbsteinschätzung, sondern erheben Sie auch innerhalb Ihres Teams, wie andere Ihre Kompetenzen einschätzen!

Weitere Anregungen für die methodische Ausgestaltung und Arbeitsaufträge für die Gruppen finden Sie im Kapitel 3.5. In Veranstaltungen mit Kolleginnen und Kollegien aus unterschiedlichen Schulen bilde ich die Gruppen während der Veranstaltung. Auch hier geht es darum, Zusammenarbeit positiv zu erfahren (Anregungen hierzu siehe Kapitel 1.5.1).

2.3 Leitgedanken zum System sonderpädagogischer Förderung: Segregation versus Förderung

Eine wichtige Station inklusiver Schulentwicklung ist natürlich die Auseinandersetzung mit bestehenden Leitgedanken zum System sonderpädagogischer Förderung. Der Austausch sollte vom deutschen Schulsystem ausgehen, Kritikpunkte des bestehenden Systems gehören thematisiert (z. B. Stress bei Kindern im Grundschulalter vor dem Übergang zur 5. Klasse; Hauptschule als »Restschule«). Der immanente Widerspruch zwischen Selektion und Förderung belastet die Schullaufbahn und die

Gestaltung der Lernprozesse. Ressourcenorientiert zu fragen bedeutet an dieser Stelle: Wie werden die bereits jetzt schon bestehenden Widersprüche und Dilemmata im Kollegium gelöst?

Ziel der Auseinandersetzung ist es, bestehende Praktiken im Kollegium transparent zu machen. Fragen, die einen produktiven Austausch fördern, sind:

- Was sind unsere pädagogischen Erfolgserlebnisse?
- Was ist uns wirklich wichtig? –
- Was hilft uns dabei, zu Erfolgen zu gelangen?
- Wie erfahren wir gegenseitig von unseren großen und kleinen Erfolgserlebnissen?
- Wie entwickeln wir unsere Schule ausgehend von Erfolgen weiter?
- Wie haben wir Widersprüche zwischen Selektion und Förderung an unserer Schule bereits überwunden (z. B. Bewertung individueller Lernprozesse und Fortschritte; Relativierung der sozialen Bezugsnorm in der Benotung; Umgang mit Übergangsempfehlungen)?
- Welche Strategien der individuellen Förderung und welche inneren Differenzierungsmaßnahmen setzen wir bereits um?

2.4 Aus der Problemtrance in die Lösungsorientierung: Die Lösung liegt auf einer anderen Ebene als das Problem

In der systemischen Beratung ist die Einsicht zentral, dass gute Lösungen für komplexe Probleme außerhalb des Problemkontextes zu finden sind. Denn schon Ludwig Wittgenstein wusste: »Die Probleme gehören zur Aufgabe, nicht zur Lösung.« Dies entspricht jedoch nicht der Alltagserfahrung von Lehrkräften, sodass diese Einsicht kaum »vermittelbar« ist, sondern erst aus ressourcenorientierten Arbeitsprozessen heraus entstehen kann. Die Möglichkeiten, den Perspektivenwechsel am Scheitelpunkt des »U« einzuleiten, sind somit vielfältig. (Ich habe im Kapitel 1.3.1 ein Fallbeispiel beschrieben, welches den Perspektivenwechsel nachzeichnet.) Zentraler Punkt ist, dass von der Lösung her gedacht wird, statt sich weiter mit dem »Problem« zu beschäftigen.

Die Zuwendung zum Lösungsfokus kann manchmal früh stattfinden, es kann aber auch notwendig sein, die als problematisch erlebte Ausgangslage ausgiebig zu würdigen.

Lösungsorientierte Fragen sind:

- Wann haben Sie es schon geschafft, schwierige Situationen mit Schülern zu meistern? Was genau haben Sie getan?
- Welche Ihrer Fähigkeiten und welche Ihrer Gesundheitsressourcen können Sie für Inklusion nutzen (siehe Kapitel 1.4.1)?

2.5 Leitgedanken Inklusion: Wie können wir Teilhabe ermöglichen und Barrieren abbauen?

Aus einem Lösungsfokus heraus wird das Thema Inklusion zu einer Möglichkeit, schulische Teilhabemöglichkeiten für alle zu verbessern und bestehende Barrieren abzubauen, sodass alle davon profitieren. Es bietet sich deshalb an, in Kollegien nach pädagogisch-didaktischen Anknüpfungspunkten Ausschau zu halten, die bereits jetzt in Bezug auf die Heterogenität der Schülerschaft praktiziert werden:

- Wie nutzen Sie jetzt schon die Vielfalt von Lerngruppen?
- Welche Vorteile bietet Ihnen deren Unterschiedlichkeit?
  - › (Anregung: z. B. in Bezug auf unterschiedlichen Leistungsstand, unterschiedliche Interessen, unter-

schiedliche Erfahrungen aufgrund von Geschlecht, ökonomischer Situation, Konfession).

Aus einer Studie aus Großbritannien haben Florian und Black-Hawkins (2011) vier Kategorien eines »Best practice« schulischer Inklusion entwickelt:

Abb. 6: »Best Practice« schulischer Inklusion nach Florian a. Black-Hawkins (2011)

»Dabei sein« bezieht sich nicht nur auf räumliche Kriterien, sondern auch auf curriculare Zugehörigkeit. Hierzu bedarf es der Anpassung bestehender Curricula. Eine hilfreiche Orientierung bietet das schwedische Curriculum mit der Metapher des Baumes – die fachlichen Ziele sind in der Baumkrone ausdifferenziert, Wurzeln bilden die elementaren Lern- und Entwicklungsbereiche. Die Wurzeln beinhalten die Entwicklungsbereiche und machen deutlich, wie jeder Fachinhalt unterschiedliche Entwicklungsbezüge hat.

Mit »Vielfalt« sind der positive Blick auf Unterschiede und die gegenseitige Wertschätzung gemeint. Wertschätzung von Vielfalt und Gleichberechtigung trotz Unterschiedlichkeit – im Umgang der Schüler miteinander, in den Lehrkraft-Schüler-Beziehungen und mit deren Eltern, Wertschätzung von Vielfalt in den kollegialen Beziehungen einschließlich der Beziehung mit der Schulleitung.

»Zusammen lernen und arbeiten« spezifiziert, dass nicht nur Wertschätzung, sondern auch der Nutzen der Vielfalt einbezogen gehört: Zusammen arbeiten die Schüler im kooperativen Lernen in festen Tischgruppen. Zusammen arbeitet das schulische Personal, auch in Netzwerken über die Schulgrenzen hinaus in der Gemeinde und der Administration.

»Inklusive Pädagogik« beinhaltet einerseits das Wissen über Differenzierungsmöglichkeiten innerhalb des Unterrichtsfaches, Wissen über spezifische Beeinträchtigungen und Benachteiligungen bestimmter Schüler, Wissen über individualisierende und unterstützende Maßnahmen. Eine inklusive Pädagogik reicht über das rein fachbezogene Wissen hinaus und bezieht sich ebenso auf Überzeugungen in Bezug auf die Einschätzung von Fähigkeiten und Eigenschaften von Schülern sowie die ausgeübte Praxis.

Reflexionsfragen zur Thematik sind:

- Wer nimmt teil, wer nicht?
- Wie wird Teilhabe gefördert oder verhindert?
- Warum ist Teilhabe für Einzelne/Gruppen einfacher, für manche erschwert?

2.6 Sollkonzept: Teamorientierung und Situationsbezug haben Priorität

Sind Kollegien an dem Punkt angekommen, wo sie lösungsorientiert und basierend auf den Zielvorstellungen der Inklusion engagiert an interner Schulentwicklung mitarbeiten, so bleibt der geeignete Fokus zunächst die Weiterentwicklung der Teamarbeit. Beispiele für Teams in der Schule sind Klassenlehrerteams, Jahrgangsteams, multiprofessionelle Teams, Fachgruppen etc.

Besonders geeignet für inklusive Schulentwicklung ist das Team-Kleingruppen-Modell: Drei Klassen eines Jahrganges werden von Lehrkräften unterschiedlicher Qualifikationen unterrichtet, die ein festes Team bilden.

Teamarbeit bedeutet mehr, als sich über Themen und Inhalte zu verständigen. Herwig-Lempp (2012) unterscheidet drei Dimensionen von Zusammenarbeit:

1. *Aufgabenbezogene Zusammenarbeit* ist das, was üblicherweise als Teamarbeit verstanden wird: Man bespricht sich miteinander und informiert sich gegenseitig, man entwickelt gemeinsam Ideen, unterstützt sich und trifft Entscheidungen oder leitet diese weiter.
2. *Organisationsbezogene Zusammenarbeit* bezieht sich auf das Nachdenken darüber, wie die Aufgaben miteinander erledigt werden, also auf die Gestaltung der Zusammenarbeit: die Gesprächsführung, die Tagesordnungen, die ausgesprochenen und unausgesprochenen Regeln und Regelungen der Zusammenarbeit, die in der Zusammenarbeit angewandten Methoden.
3. *Entwicklungsbezogene Zusammenarbeit* bedeutet, dass regelmäßig innegehalten wird, um die Zusammenarbeit in den Blick zu nehmen. In der Reflexion auf die

aufgaben- und die organisationsbezogene Zusammenarbeit werden dann Methoden und Vorgehensweisen verändert, um die Zusammenarbeit zu optimieren.

(Einige Fragen an Teams zur Weiterentwicklung der Teamarbeit finden Sie im Kapitel 3.3.2.)

Teamschulen wertschätzen Teamarbeit und vertrauen auf Selbstorganisationsprozesse der Teams – zugleich ermutigen Sie Teams, sich externe Moderation, Supervision und Unterstützung zu holen, um die Teamentwicklung voranzubringen. Konflikte sind Teil von Teamentwicklungsprozessen. Sind sie für alle Beteiligten in befriedigender Weise gelöst, so wächst das Team an neuen Aufgaben. Wenn schwierige Aufgaben und Konflikte bewältigt sind, ist es wichtig, solche Erfolge im Kollegium vorzustellen: Mit positiven Beispielen und Erfahrungen steigt die »kollektive Selbstwirksamkeitserwartung« (siehe Kapitel 1.5.1).

Der zweite Fokus im Soll-Konzept ist der Situationsbezug. Während die Sonderpädagogik traditionell personenorientiert ist und Förderungsmöglichkeiten in Bezug auf bestimmte Schwierigkeiten (Defizite) einzelner Schüler vorschlägt (und damit den eigenen Berufsstand erhält und legitimiert), hat im systemischen Inklusionsverständnis die Orientierung an Situationen Priorität. Das kanadische Beispiel zeigt, dass ein innerschulisches Unterstützungssystem für die Lehrkräfte gebraucht wird, das nonkategorial arbeitet – also nicht explizit sonderpädagogisch ausgerichtet ist. Die Unterstützung ist

- an die Lehrkräfte adressiert
- systemisch auf die ganze Schule ausgerichtet
- an Situationen orientiert und
- nicht von den Diagnosen bestimmter Schüler abhängig.

Dem Unterstützungssystem gehören Schulleitung und einige Lehrkräfte an, die unterschiedliche Kompetenzen mitbringen, z. B. für Lesenlernen, Sprachentwicklung, Konfliktmanagement. Besprochen werden drängende Fragen aus dem aktuellen Schulalltag, also auch Fragen im Zusammenhang mit Mehrsprachigkeit, im Umgang mit familiären Herausforderungen und zur Lern- und Leistungsentwicklung. Einige erfahrene Lehrkräfte stehen als »Methods- and Resource-Teachers« zur Beratung ihrer Kollegen und Kolleginnen zur Verfügung. Sie bilden keine eigene Berufsgruppe mit spezifischer Bezahlung, sondern wechseln nach einigen Jahren wieder in die Rolle von Klassenlehrern zurück. In der Region stehen außerschulische Unterstützungssysteme und Fachdienste zur Verfügung.

2.7 Gemeinsamer Prozess: Inklusion in regionalen Netzwerken entwickeln

Inklusion ist ein Thema, das weit über die Verantwortung der Einzelschule hinausreicht. Kooperationen mit weiteren Schulen innerhalb der Region sind nicht nur notwendig, um Erfahrungsaustausch und Kompetenztransfer zu ermöglichen, sondern auch um beispielsweise die Gestaltung der Übergänge von der Grundschule zur weiterführenden Schule und den Übergang Schule–Beruf zu regeln. Besonders wichtig ist es, bestehende Kontakte, Kooperationen und Netzwerke der Förderschulen, z. B. die Zusammenarbeit mit Beratungsstellen und Fachdiensten, mit Jugend- und Sozialämtern in die Verantwortung der allgemeinen Schule zu überführen, sodass möglichst viele bestehende Kontakte beibehalten werden können.

Inklusion öffnet die Schule mehr als bisher in die Region: Beispiele aus Kanada zeigen, dass regionale Fortbildungen die Kooperation von Akteurinnen und Akteuren unterstützen und interdisziplinäre Beratungsstellen Anlaufstelle und Kooperationspartner sind. Ein in Deutschland entwickeltes Instrument, der »Kommunale Index für Inklusion« (Montag-Stiftung Jugend und Gesellschaft 2011) kann Kommunen dabei helfen, die regionale Vernetzung zu verbessern.

Am Beispiel Köln kann man sehen, wie eine Kommune inklusive Schulentwicklung initiativ und verantwortlich mitgestaltet. Bereits im Jahr 2010 haben Vertreter aus Politik, Verwaltung, Wissenschaft, Bezirksregierung, Landschaftsverband, Schulen, Jugendhilfe, Elternorganisationen, Stiftungen und der Universität zu Köln unter der Federführung des Dezernats für Bildung, Jugend und Sport und der Integrierten Jugendhilfe- und Schulentwicklungsplanung damit begonnen, einen inklusiven Schulentwicklungsplan für Köln zu entwickeln. Dieser »Kölner Inklusionsplan« greift den ausstehenden Schulgesetznovellierungen vor und gibt ein regional ausgerichtetes Handlungsmodell vor, welches die bestmögliche Unterstützung der allgemeinen Schulen zum Ziel hat.[11]

11 siehe http://www.stadt-koeln.de/5/schule/inklusion/10944/ [20.05.13].

3 Anregungen für inklusive Schulentwicklung

3.1 Worauf besonders zu achten ist: Selbstverantwortung und Kommunikation

Um inklusive Schulentwicklung zu bewältigen, fordern Schulen vehement die Hilfe von außen ein. Doch hier ist ein Stolperstein versteckt: Denn wichtiger als schnelle Rezepte und Lösungen sind Zutrauen und Verantwortung in vorhandene Ressourcen und Entwicklungsmöglichkeiten. Diese werden schulintern häufig übersehen oder als wenig nützlich angesehen. Unterbleibt aber die Anregung zum Perspektivenwechsel, so besteht die Gefahr, dass das in Kapitel 1.4 beschriebene Szenario eintritt: Externe Anforderungen werden durch externe Hilfen bedient, doch interne Anforderungen und Ressourcen bleiben unberührt. Dies gefährdet den Prozess der Inklusion, es gefährdet aber auch die Zufriedenheit und Gesundheit der einzelnen Lehrkräfte.

Selbstverantwortliche Haltungen und Ressourcenorientierung zeigen Lehrkräfte in der Gestaltung der Beziehungen vor Ort, also: auf der Beziehungsebene der

Kommunikation. Professionelle Entwicklung vollzieht sich demnach mit dem Hinterfragen und Reflektieren von Kommunikationsprozessen. Es gibt eine ganze Anzahl von Studien, die belegen, dass systemische Beratung genau in diesem Bereich einen wichtigen Beitrag zur Schulentwicklung leistet. Prozessanalysen aus systemischen Gruppensupervisionen mit Lehrkräften zeigen, dass Lehrkräfte innerhalb eines Jahres die Verantwortung für die eigene Entwicklung selbst in die Hand nehmen. Sie nutzen vorhandene Ressourcen besser aus und sind in der Lage, neue Ressourcen zu aktivieren. Sie geben weniger häufig Selbstverantwortung ab und hindern andere seltener am Einnehmen einer selbstverantwortlichen Haltung (Erbring 2009).

Nicht jede Art der Unterstützung in Schulentwicklungsprozessen ist somit nachhaltig hilfreich. In der Entscheidung für oder gegen ein Fortbildungsangebot ist dringend zu prüfen, ob das Angebot dafür geeignet ist, Ressourcen innerhalb des Kollegiums zu nutzen und zu entwickeln – oder ob ausschnitthaft sonderpädagogisches Fachwissen oder spezifische Förderkonzepte vermittelt werden, ohne an Ressourcen des Kollegiums anzudocken.

3.2 Systemische Sichtweisen für die Planung und Gestaltung von Veranstaltungen

3.2.1 »Was sollen wir tun, wenn uns ein Förderschüler in der Pause ein faules Ei an den Kopf wirft?«

In der Veranstaltungsplanung ist ein Vortreffen mit der Steuergruppe der Schule sinnvoll, um Zielsetzung und Gestaltung einer Fortbildung zu besprechen. Hier kommen die brennenden Fragen auf den Tisch. Der Grundtenor an allgemeinen Schulen ist meistens: »Wir wissen nichts über Schüler mit sonderpädagogischem Förderbedarf.« Als Anliegen wird deshalb formuliert, spezifische Förderkonzepte kennenzulernen (Thema Autismus, Umgang mit herausforderndem Verhalten etc.).

Im Laufe der Gespräche ergibt sich meist eine gute Gelegenheit, durch Fragen und Kommentare zu einem Perspektivenwechsel einzuladen. Im Vorgespräch an einer Gesamtschule wurde mir beim Treffen in der Steuergruppe nahe gebracht, warum die Schule am Fortbildungstag spezifische sonderpädagogische Förderkonzepte kennenlernen muss. Im Laufe der Unterhaltung wurde die Frage aus der Überschrift gestellt, um den Fortbildungsbedarf zu konkretisieren: »Was sollen wir denn tun, wenn uns ein Förderschüler in der Pause ein faules Ei an den Kopf wirft?« Meine Reaktion war eine Gegenfrage: »Sie arbeiten hier an einer Gesamtschule in einem Einzugsgebiet, das Ihnen doch tagtäglich Antworten auf diese Frage abverlangt – was tun Sie denn, wenn Ihnen einer Ihrer Schüler in der Pause ein faules Ei an den Kopf wirft?« Irritiertes Schweigen am Tisch. Etwas war passiert – es fühlte sich an wie ein kollektives Aufatmen. Die Sorge bestand darin, nichts des Gewohnten und Bewährten wäre zukünftig noch brauchbar. Aber plötzlich sprudeln die Ideen: Es wird die Notwendigkeit gesehen, bestehende Regelsysteme noch besser zu nutzen und weiter zu entwickeln, sie als verlässliche Strukturen für alle gut zugänglich zu machen, die Arbeitseinheiten der Jahrgangsteams zu stärken etc. Die konkrete Planung des Fortbildungstages kann nun beginnen.

3.2.2 »Wieso erzählen Sie uns jetzt erst von dieser UN-Konvention?«

Es ist wichtig, grundlegende Informationen zur Inklusion in jeder Veranstaltung anzubieten. So sollte die UN-

Konvention in keiner Veranstaltung unerwähnt bleiben. Immer wieder sind Lehrkräfte der Meinung, Inklusion sei eine Erfindung deutscher Schulpolitik. Dass der Kontext ein internationaler Konsens zum Thema Menschenrechte ist, ist vielen nicht bekannt.

Dazu ein Beispiel: Während einer Fortbildungsveranstaltung biete ich für die Lehrkräfte einer Gesamtschule eine Gesprächsrunde an, in der die Koordinatorin für Inklusion, die Sonderpädagogin der Schule sowie weitere Lehrkräfte mit Erfahrungen im gemeinsamen Unterricht für Fragen zur Verfügung stehen. An der Schule werden bereits seit mehreren Jahren Schüler mit sonderpädagogischem Förderbedarf unterrichtet. In einem Nebensatz wird die Menschenrechtskonvention erwähnt. Ein Lehrer fragt: »Wieso erzählen Sie uns erst jetzt von dieser UN-Konvention?« Ratloses Schweigen– wir alle waren davon ausgegangen, dass dieser Kontext im Jahre 2012 über die Presse sowie über schulinterne Kommunikationskanäle allen bereits bekannt geworden ist.

3.2.3 »Unsere Referentin verfolgt den Ansatz, dass sich auch unter schwierigen Bedingungen berufliche Kontexte so gestalten lassen, dass wir gesund und zufrieden bleiben«

Eingeladen zu einem Vortrag zum Thema »Inklusion als Prozess – Herausforderungen und Orientierungshilfen« finde ich im Internet zufällig in der Ankündigung des Vortrags den Kommentar: »Unsere Referentin an diesem Abend, Frau Dr. Saskia Erbring aus Köln, verfolgt den Ansatz, dass sich auch unter schwierigen Bedingungen berufliche Kontexte so gestalten lassen, dass wir gesund und zufrieden bleiben« – zitiert von meiner Homepage.

Wie hört sich das für Lehrkräfte an? In meiner Vorbereitung des Vortrags spiele ich, ausgehend vom Zitat von meiner Homepage, mögliche Reaktionen des Publikums auf die Ankündigung durch, z. B.:

- Wir sollen jetzt selbst für unsere Gesundheit sorgen, obwohl man uns diese durch die Rahmenbedingungen kaputt macht? Frechheit!
- Eine Wissenschaftlerin will mir sagen, dass ich mit einem falschen Ansatz arbeite. Was fällt der eigentlich ein?!
- Frau Erbring denkt wohl, sie kann uns etwas sagen, was wir noch nicht wüssten. Die scheint noch ganz

schön naiv zu sein. Oder sieht sie die aktuellen Rahmenbedingungen nicht?

Zu Beginn des Vortrags berichte ich von meinen Vermutungen und den unterschiedlichen »Lesarten« auf die Vortragsankündigung. Dann betone ich die Sachaussage des Kommentars und wecke Interesse am Thema: Auch unter schwierigen Bedingungen lassen sich berufliche Kontexte so gestalten, dass wir gesund und zufrieden bleiben. Was können wir unter den gegebenen Bedingungen tun?

3.2.4 »An unserer Schule lässt sich keine Teamkultur entwickeln«

Häufig wird mir bei Vorträgen aus dem Publikum berichtet, dass sich an der eigenen Schule keine Teamkultur entwickeln ließe, weil die strukturellen Rahmenbedingungen dafür fehlten. An diesen Schulen unterrichten die Lehrkräfte im Sekundarbereich meist ausschließlich das studierte Unterrichtsfach und bewegen sich damit in fast allen Jahrgängen. Zwar gibt es Fachkonferenzen, die aber nicht als Team zusammenarbeiten. Es sei schwer vorstellbar, wie sich die etablierten Strukturen verändern könnten. Auch das Zeitproblem wird thematisiert: Woher soll die Zeit für

Teambildung und Teamentwicklung genommen werden? Die Arbeit stehe doch ohnehin schon bis zum Hals.

Jede Veränderung ist auch ein Abschied vom Gewohnten und Vertrauten. Es gibt unterschiedliche Möglichkeiten, den Anfang so zu gestalten, dass das Kollegium von den Veränderungen profitiert. Aber klar ist: Ohne engagierte Beteiligung, ohne erkennbaren Nutzen der Veränderung, wird keine tiefgreifende Veränderung stattfinden. Ich wähle meist den Zugang über die persönliche Betroffenheit: Sie haben die drei Argumente für Teamentwicklung gehört: Schulqualität, Inklusion und ... Ihre Gesundheit. Wenn Sie das entscheidende Argument auswählen dürfen, welches wählen Sie? Ganz klar, das wirkungsvollste Argument ist die Lehrergesundheit. Nicht zufällig interessieren sich insbesondere Schulleiterinnen und Schulleiter für Fortbildungsangebote zur Teamentwicklung an Schulen. Sie kennen den Krankenstand im Kollegium und wissen um die Relevanz der Thematik.

3.3 Schulische Lehrerfortbildung »Inklusion«

3.3.1 Ablauf und Inhalte der Fortbildung

Nachfolgend ein Beispiel für eine zweitägige schulinterne

Fortbildung. Im Vorgespräch wurden folgende Schwerpunkte vereinbart:

- Input mit Informationen zur inklusiven Schulentwicklung und Teamentwicklung unter dem Gesichtspunkt Lehrergesundheit
- praktische Angebote zur Teamentwicklung in bestehenden Jahrgangsgruppen
- Arbeit an selbstgewählten thematischen Schwerpunkten innerhalb der Jahrgangsteams
- Dokumentation von Ergebnissen und Impulse für nächste Schritte der Schulentwicklung

Nach dem Tagesüberblick und dem Einholen des Einverständnisses des Kollegiums mit dem geplanten Ablauf folgt mein Input zur Thematik, gespickt mit kleinen Reflexionsimpulsen und »Murmelgruppen« zu einer Frage aus dem »Index für Inklusion« (Boban u. Hinz 2003), z. B.:

- Wird Unterschiedlichkeit an Ihrer Schule/in Ihrer Einrichtung als anregend wertgeschätzt – und nicht Anpassung an eine einzige »Normalität« angestrebt? Sammeln Sie positive Beispiele für bereits praktizierten wertschätzenden Umgang mit Unterschiedlichkeit an Ihrer Schule/Einrichtung! Tauschen Sie sich kurz mit Ihrer Nachbarin/Ihrem Nachbar aus!

Dann wird das Organisationskonzept des Tages erläutert:

- Wir arbeiten nach dem Prinzip des »Gruppenpuzzles« – Stammgruppen sind die Jahrgangsteams, diese arbeiten zunächst als Gesamtgruppe (Phase 1), z. B. an Aufgaben zur Teamentwicklung (siehe Kapitel 3.3.2).
- Gemeinsam wird dann im Jahrgangsteam darüber entschieden, welche thematischen Schwerpunkte aus einer vorgegebenen Auswahl für das Team wichtig sind, wer in die jeweilige Expertengruppe geht und dort mit Vertretern der anderen Jahrgänge gemeinsam am Thema arbeitet (Phase 2). Im Jahrgangsteam werden auf Moderationskarten vorab jene Fragen formuliert, die aus Sicht des Jahrgangs für die Arbeit in der Expertengruppe relevant sind. Anschließend teilt sich das Jahrgangsteam in die entsprechenden Untergruppen auf. Die Untergruppen arbeiten dann mit den jeweiligen Vertretern der anderen Jahrgangsteams zusammen in den thematischen Expertengruppen.
- Die Expertengruppen arbeiten mithilfe von Texten und Leitfragen an ihrem Thema (Phase 3). Die Antworten, Hinweise und Informationen aus den Exper-

tengruppen werden am Ende der Arbeitsphase wieder ins Jahrgangsteam zurückgemeldet und auf dem Protokollbogen des Jahrgangsteams verschriftlicht.

- Jedes Jahrgangsteam formuliert anschließend auf dem Protokollbogen weiterführende Fragen und Anliegen zu den thematischen Schwerpunkten (Phase 4). Die Arbeitsphasen werden im Jahrgangsteam reflektiert.
- Es werden Entwicklungsaufgaben und Zielsetzungen für die weitere Zusammenarbeit formuliert (Phase 5). Die Protokollbögen werden am Ende der Fortbildung an Pinnwänden für alle sichtbar aufgestellt. Es besteht die Gelegenheit, Kommentare und Anregungen anzupinnen.
- Bei der gemeinsamen Sichtung der Ergebnisse aus den Jahrgangsteams wird besonders auf Gemeinsamkeiten und Unterschiede in den Ergebnissen im Hinblick auf die als notwendig erachteten nächsten Schritte geachtet. Kurzer von mir moderierter Austausch mit Stellungnahme der Steuergruppe/Schulleitung und Ausblick (Phase 6).

3.3.2 Arbeitsaufträge für ein Jahrgangsteam

Folgende Arbeitsaufträge lassen sich gut auf einem DIN-A3-Blatt ausdrucken. Jeder Jahrgang erhält einen der

Bögen. Der Bogen enthält Anregungen zur Teamentwicklung sowie Arbeitsaufträge, die sich auf die Phasen 1, 2, 4 und 5 (siehe oben) beziehen:

3.3.3 Beiblatt mit Zeitleiste und Arbeitsmethoden

Zeitleiste (min)	Aufgaben und Arbeitsmethoden
‹ 30	*im Jahrgang:* Vorbereitung der Arbeit in Expertengruppen Sichtung der Arbeitsaufträge und des Materials, allgemeiner Austausch Entscheidung über thematische Schwerpunkte und darüber, wer dort jeweils mitarbeitet Verteilung der Protokollbögen an die jeweiligen Mitglieder der Expertengruppen Formulierung von Aufträgen des Jahrgangs an die Expertengruppen
‹ 120	*in der Expertengruppe* Austausch über Relevanz des Themas im jeweiligen Jahrgang, Vorstellung der Anliegen Bearbeitung des Materials und der Leitfragen Beantwortung der Anliegen aus den Jahrgängen Dokumentation der Ergebnisse
‹ 120	im Jahrgang: Puzzleteile zusammensetzen Reihum Vorstellung der Ergebnisse aus den Expertengruppen Kommentar und Rückmeldung aus dem Jahrgang zu den Ergebnissen

Tab. 2: Beiblatt mit Zeitleiste und Arbeitsmethoden

Jahrgang ………
Wir, das sind:
Dies sind Ressourcen unserer Gruppe (farbige Karten hier aufkleben[1]):
Dies sind unsere Stärken und Besonderheiten (wir denken dabei an konkrete Erfahrungen):
Dies sind unsere hauptsächlichen Belastungen:
In diesem Bereich sehen wir ausbaufähige Ressourcen für uns (siehe auch Arbeitsblatt „Ressourcen heben“[2]):

1 In die Jahrgänge gebe ich farbige Karten, die individuelle Eigenschaften und Fähigkeiten vermerken, z.B. „denkt visionär“, „ist innovativ“, „ist begeisterungsfähig“, „bewahrt die Ruhe“, „pflegt Beziehungen“, „ist fleißig“, „beobachtet gut“, „ist zuverlässig“ (siehe Kapitel 2.2)

2 Das Arbeitsblatt ist eine Zusammenstellung aus mittendrin e.V. (2011)

Auf diese Weise organisieren wir unsere Zusammenarbeit:

Wie treffen wir Entscheidungen? Wie stellen wir Verbindlichkeit her? Wie sorgen wir für Informationsfluss?

Hieran erkennen andere, dass unsere Zusammenarbeit gut klappt (z. B. Eltern, Kollegen, Schulleitung):

Dies sind unsere Entwicklungsaufgaben, hierauf müssen wir besonders achten:

So entwickeln wir unsere Zusammenarbeit weiter im Hinblick auf Atmosphäre, Struktur, Kommunikation, Vorbereitung etc.):

Schwerpunktsetzung für die Expertengruppen

Themenauswahl (bitte ankreuzen):

	Differenzierung Mathematik		Kooperatives Lernen und Inklusion
	Differenzierung Englisch		Teamarbeit und Inklusion
	Differenzierung Deutsch		Lernbegleitung und Inklusion
	Lernbedürfnisse/ Lernschwierigkeiten		Umgang mit herausforderndem Verhalten

Folgende Spalten bitte nach der Arbeit in den Expertengruppen ausfüllen: Bitte notieren Sie hier die Fragen, die Sie in die Expertengruppen gegeben haben, und die zurückgebrachten Ergebnisse.
Welche offenen Fragen und Aufgaben haben wir heute identifiziert?
Welche Lösungen sehen wir, welche nächsten Schritte sind erforderlich?
Wie können uns andere Teams und die Schulleitung in der Umsetzung unterstützen?
Was können wir anderen Teams und der Schulleitung als Unterstützung anbieten?

3.4 Angebote für Schulleitungen

3.4.1 Unterstützung der Teamentwicklung

Wenn Teamarbeit an einer Schule als eine Ressource und ein Wert gesehen wird, so muss sie durch die Schulleitung aktiv unterstützt werden. Die Schulleitung unterstützt Prozesse der Teamentwicklung innerhalb der Schule durch

- einen stabilen Beziehungsrahmen
- die Übertragung von Verantwortung
- regelmäßige Entwicklungsimpulse
- und strukturelle Aspekte.

Die Schulleitung spielt für Teamentwicklung an Schulen eine wichtige Rolle. Sie trägt dazu bei, dass Teams in einem stabilen Beziehungsrahmen ihre Identität entwickeln können. Dazu brauchen Teams deutlich gezeigtes *Interesse*, insbesondere an Erfolgen. Teams brauchen regelmäßig konstruktives *Feedback* seitens der Schulleitung. Da die Anfangsphase eines Teamprozesses besonders wichtig ist, brauchen Teams insbesondere zu Beginn der Zusammenarbeit und beim Hinzukommen neuer Teammitglieder die *Unterstützung* der Schulleitung, z. B. durch Willkommensrituale und Gesprächsangebote.

Teams brauchen klare *Verantwortungsbereiche*, innerhalb derer sie Entscheidungsspielräume haben. Beispiele dafür sind z. B. Vertretungspläne. Teams haben dafür zu sorgen, dass wichtige *Informationen* innerhalb des Teams und nach außen weitergegeben werden. Teams muss der eigene *Verantwortungsbereich* in Abgrenzung zur Verantwortung der Schulleitung deutlich sein, d. h. die Schulleitung muss sich selbst klar hinsichtlich der eigenen Rolle und Aufgabenbereiche sein und dies für alle transparent kommunizieren können.

Teams brauchen regelmäßige *Entwicklungsimpulse.* Dazu gehören Reflexionsangebote, Teamentwicklungstage und regelmäßige Teamsupervision. Auch als Vorbild für gute Teamarbeit setzt die Schulleitung positive Impulse – idealerweise arbeitet die Schulleitung selbst auch im Team.

Strukturell brauchen Teams wöchentliche *Zeitfenster* für Teamtreffen und klare *Anlaufstellen* bei Teamkonflikten. Wichtig ist, dass die Informationen innerhalb der Schule für alle gut zugänglich sind, z. B. durch Aushänge oder – nach Absprache – Mails.

3.4.2 Unterstützung der Lehrergesundheit

Schulleitungen unterstützen die Gesundheit der Lehrkräfte ihrer Schule, wenn sie einen mitarbeiterorientierten Führungsstil praktizieren, d. h., wenn sie transparent, wertschätzend und partizipativ mit klaren Zielsetzungen arbeiten. Die soziale Grundorientierung der Schulleitung und der stabile Beziehungsrahmen für die Teamarbeit im Kollegium tragen zugleich zur Lehrergesundheit bei. Zu erwähnen ist auch hier die Bedeutung der Vorbildfunktion: Schulleitungen unterstützen Lehrergesundheit, wenn sie nicht nur auf die Gesundheit des Kollegiums, sondern auch auf ihre eigene Gesundheit achten (Unfallkasse NRW 2010).

3.5 Prozessbegleitung von Gruppen

3.5.1 Teamentwicklung zu Beginn der Zusammenarbeit

Ein guter Zeitpunkt für ganztägige Teamentwicklungsangebote ist der Beginn der Zusammenarbeit: Wie auch bei der Teambildung in den Klassen sollte Zeit in den Anfang investiert werden. Auch wenn Teams mit neuen Aufgaben beginnen (Stichwort: Inklusion) oder neue Teammitglieder hinzukommen, sind Teamangebote besonders wichtig. Ziele solcher Angebote sind

- Beziehungen im Team und Gruppenidentität zu stärken

- sich über die Aufgaben und Ziele des Teams zu verständigen
- über die Rollen der Teammitglieder zu reflektieren und Aufgaben zuzuweisen
- Arbeitsabläufe und Entscheidungsprozesse optimieren (»organisationsbezogene Zusammenarbeit«, siehe Kapitel 2.6)
- und Konflikte zu klären, Krisen und Schwierigkeiten zu bewältigen.

Es ist sinnvoll, die genannten Möglichkeiten der Teamentwicklung durch externe Moderation zu begleiten, damit alle Teammitglieder sich am Arbeitsprozess beteiligen können.

Beispiel: Das Team als Dorfgemeinschaft

- *Wie sehe ich mich im Dorf?* Jedes Teammitglied malt sich auf ein DIN-A3-Blatt so, wie es sich selbst als »Haus im Dorf« sieht.
- *Wie stehen wir zueinander?* In der nächsten Arbeitsphase werden die Häuser nacheinander in der Runde vorgestellt und an eine große Pinnwand gehängt. Die Teammitglieder suchen sich den Ihnen entsprechenden Platz auf der Pinnwand und malen Wege und Verbindungen zu den anderen Teammitgliedern auf.

- *Was sehen wir?* Es wird ausreichend Zeit genommen, um das Dorf zu betrachten. Aus der Rolle der Moderatorin können zusätzlich einige anregende Fragen gestellt werden: Was fällt auf? Inwiefern passt die Metapher zu unserer Aufgabe, unseren Zielen? Was müsste noch eingezeichnet werden? Welchen Platz hat die Leitung im Dorf? Was würde ein Außenstehender über das Dorf sagen? Was müsste passieren, damit alle wegziehen? Was würde das Dorf noch wohnlicher machen?

3.5.2 Kollegiale Fallberatung

Inklusive Schulentwicklung wird auch durch kollegiale Fallberatungsgruppen angeregt – im Kollegium oder schulübergreifend. An den Gruppen arbeiten nach Möglichkeit unterschiedliche Professionen mit, also unbedingt auch sonderpädagogisch ausgebildete Lehrkräfte und Schulsozialarbeiter. Ziel der Beratungsgruppen ist es, über die gegenseitige Beratung die Potenziale von Gruppen zu erfahren und über die »enge« Zuweisung bestimmter Kompetenzen hinauszudenken: Es wird deutlich, dass jedes Gruppenmitglied Lösungskompetenzen mitbringt. Über die nondirektive Beratung werden die

Kolleginnen und Kollegen zugleich für die Möglichkeiten lösungsorientierten Austauschs sensibilisiert.

Zu Beginn werden die Sitzungen extern moderiert. So kann das Arbeitsformat kennengelernt und die Gruppe mit einem geeigneten Leitfaden vertraut gemacht werden. Nach einigen Sitzungen kann die Gruppe die kollegiale Fallberatung in Eigenregie moderieren. Einige Förderschulen haben kollegiale Fallberatungsgruppen installiert, in denen Lehrkräfte für Sonderpädagogik mit Lehrkräften allgemeiner Schulformen zusammenarbeiten – eine intelligente Art selbstorganisierter Fortbildung, die zugleich entlastend wirkt.

3.5.3 Supervision von Steuergruppen und Schulleitungen

Zusätzlich zur Fortbildung des Gesamtkollegiums entscheiden sich viele Steuergruppen für eine Prozessbegleitung. Vereinbart werden thematische Schwerpunkte der Gesamtgruppe; zusätzlich besteht während der Sitzungen die Möglichkeit zur Fallsupervision. Die Zeitplanung wird jeweils zu Beginn der Sitzungen festgelegt.

4 Vorsicht bei Abkürzungen!

Ausgehend vom Modell »Inklusion als U-Prozess« lassen sich drei kritische Punkte benennen, die inklusive Schulentwicklung erschweren bzw. verhindern können. Diese »Abkürzungen« lassen den wesentlichen Schritt inklusiver Schulentwicklung aus: den am Scheitelpunkt des U verorteten Perspektivenwechsel zur Lösungsorientierung.

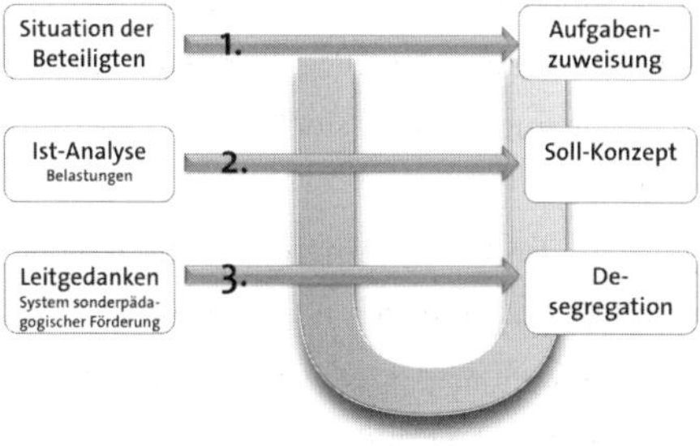

Abb. 7: Inklusion als U-Prozess – Vorsicht bei Abkürzungen!

4.1 Erste Abkürzung: Von der Situation der Beteiligten ohne Ressourcen zur Aufgabenzuweisung

Auch ungünstig verlaufende Prozesse beginnen mit der Situation der Beteiligten. Die Ausgangslage an Schulen bezüglich des Themas Inklusion ist, wie im ersten Kapitel beschrieben, meist bestimmt vom Belastungserleben und von den Befürchtungen im Hinblick auf Mehrbelastung. Dies führt dazu, dass Kollegien keine Zeit in den Schulentwicklungsprozess investieren und versuchen, das als Problem wahrgenommene Thema Inklusion schnell zu lösen. Rolff und Schley (1997) sprechen hier vom Kaltstart: Die Beteiligten hatten keine Gelegenheit, mit der Schulentwicklungsidee warm zu werden, trotzdem wird das Gaspedal bis zum Anschlag getreten – die Folge ist, dass der Kollegiumsmotor stockt und Fehlzündungen produziert.

Eine weitere Tücke des Anfangs ist die fehlende Einheit im Kollegium: Statt sich in Dialogen und Prozessen über mögliche Zielperspektiven zu verständigen, werden Koalitionen definiert, es bilden sich Gruppen und Untergruppen, einige wenige setzen sich motiviert ein, andere klinken sich aus.

Im Versuch, das »Problem Inklusion« schnell und zeitsparend zu lösen, wird letztlich versäumt, den Schulentwicklungsprozess an den Ressourcen des Kollegiums orientiert zu beginnen. Individuelle Ressourcen werden nicht gestärkt, gesundheitsförderliche Angebote kommen nicht zum Einsatz. Es findet eine schnelle Aufgabenzuweisung statt. Dabei kommt es zu den im Kapitel 1.2 kritisch diskutierten Rollenzuweisungen, in denen die Lehrkräfte für Sonderpädagogik für bestimmte Schüler zuständig sind.

Erste Abkürzung: Vorhandene Ressourcen ignorieren und sie nicht für den Schulentwicklungsprozess aktivieren. Dadurch steigt das Belastungserleben.

4.2 Zweite Abkürzung: Von der Ist-Analyse ohne Teamentwicklung zum Soll-Konzept

An vielen Schulen besteht die Analyse der Ausgangssituation darin, ausgehend von vermuteten Defiziten der Schüler mit sonderpädagogischem Förderbedarf ein Arbeitskonzept zu entwickeln. Negative Erfahrungen aus der Vergangenheit werden erhoben und versucht, ihnen so gut wie möglich vorzubeugen. In Ermangelung einer Vision bzw. einer positiven Erfahrung im Hinblick auf das Thema Inklusion wird ein Soll-Konzept entwickelt, welches pragmatisch von der eigenen Arbeitsbelastung her gedacht ist. Die verstärkte Ausweisung sonderpädagogischen Förderbedarfs, um mehr Ressourcen für sonderpädagogische Förderstunden zu erhalten, ist ein gutes Beispiel für eine solche Pragmatik (siehe Kapitel 1.1.1).

Der Teamgedanke wird auch in der Unterrichtsgestaltung vernachlässigt, und Möglichkeiten kooperativen Lernens in den Klassen bleiben weitgehend ungenutzt. Werden kooperative Methoden eingesetzt, so wird oft Wesentliches vergessen, weil es nicht an eigenen Teamerfahrungen abgeglichen werden kann.

Wenn eine Ist-Analyse weniger von den innerhalb der Schule vorhandenen Kompetenzen, sondern vielmehr von bestehenden Belastungen ausgeht, so landet man schnell beim Soll-Konzept, ohne mögliche Ressourcen zu heben und auszubauen. So wird die Zusammenarbeit der Beteiligten nicht als Ressource, sondern vielmehr als eine zusätzliche Belastung wahrgenommen. Dies entspricht der Alltagserfahrung vieler Kolleginnen und Kollegen, die durch negative Erfahrungen in der Teamarbeit die Zusammenarbeit mit anderen Lehrkräften eher vermeiden.

Zweite Abkürzung: Möglichkeiten von Teamarbeit nicht kennenlernen und diese – ausgehend von negativen Erfahrungen – weiterhin meiden.

4.3 Dritte Abkürzung: Mit den Leitgedanken sonderpädagogischer Förderung ohne Perspektivenwechsel zur Desegregation

Die Leitgedanken sonderpädagogischer Förderung sind in Deutschland vom Förderschulwesen geprägt, dessen Grundidee Segregation ist: Die Schüler werden entsprechend ihrer individuellen Diagnosen gesondert vom allgemeinen System und nach unterschiedlichen Förderschwerpunkten gebündelt beschult. Im Laufe der Lehrerfahrung hat sich bei Lehrkräften die Notwendigkeit der getrennten Beschulung immer wieder bestätigt. Sie wurde auch schulpolitisch nicht irritiert, sondern war in den meisten Bundesländern gewünscht. Von der Ausbildung der Studierenden angefangen und bis in die administrativen Bereiche hinein gab es eine gründliche Trennung der allgemeinen Schulen und der Förderschulen.

Inklusion bedeutet dann vermeintlich: Einige Schüler mit sonderpädagogischem Förderbedarf an der allgemeinen Schule aufzunehmen. (Im Kapitel 1.1.1 wurde dieses Vorgehen als Desegregation bezeichnet.) Vielen Lehrkräften ist nicht klar, dass Inklusion auf einem Konzept basiert, welches mit unserem bisherigen System sonderpädagogischer Förderung kaum vereinbar ist. Wenn im Kollegium keine Gelegenheit besteht, einen gemeinsamen Perspektivwechsel hin zur Ressourcen- und Lösungsorientierung zu vollziehen, so bleibt die »Zwei-Gruppen-Theorie« auch in der allgemeinen Schule bestehen. Um nicht als diskriminierend zu gelten, werden die Leitgedanken nicht immer offen geäußert und verhindern inklusive Schulentwicklung als »heimliche Leitgedanken«.

Dritte Abkürzung: Die mit dem Förderschulwesen verbundenen Leitgedanken sonderpädagogischer Förderung als »heimliche« Leitgedanken in die allgemeine Schule überführen.

5 Schluss und Ausblick

Wir sind nun am Ende des Buches angelangt, und ich hoffe, meine Anregungen erweisen sich für Sie als brauchbar. Erinnern Sie sich an die Überlegungen zur inklusiven Schulentwicklung als U-Prozess im zweiten Kapitel dieses Buches? Am Scheitelpunkt des U gelangen wir aus der Problemtrance in die Lösungsorientierung.

Hierzu noch ein Hinweis: Woran erkennen wir eigentlich eine Problemtrance? Ganz einfach: Beobachten Sie mal ihre Kollegen bei Unterhaltungen im Lehrerzimmer. Die Problemtrance erkennen Sie sofort an der Körpersprache der Kollegen. Und natürlich daran, dass sich eine Problemtrance meist schnell ausbreitet und Sie dann auch selbst Ausweglosigkeit in Bezug auf das entsprechende Thema empfinden.

Zum Abschluss möchte ich Sie nochmals in eine lösungsorientierte Haltung einladen:

- Wie zufrieden sind Sie momentan mit dem Stand der Inklusion an Ihrer Schule? Positionieren Sie sich auf einer Skala von 1 bis 10 (1 = sehr unzufrieden, 10 = sehr zufrieden).
- Was müsste passieren, damit Sie einen Skalenwert

höher kämen? Was können Sie selbst tun, was können andere tun?
- Wie könnten Sie einen Skalenwert tiefer kommen?
- Was ist der Unterschied zwischen Ihrer jetzigen Position und einer Position tiefer?

Ich wünsche Ihnen viel Erfolg beim Finden und Bewahren der lösungsorientierten Haltung!

Dank

Vielen Dank an alle, die sich direkt oder indirekt an der Entstehung dieses Buches beteiligt haben: auf Veranstaltungen, in Prozessbegleitungen und Gesprächen über das Thema Inklusion. Für ihre Anregungen nach dem Lesen des Buches danke ich vor allem Dr. Andreas Köpfer und Susanne Metzger.

Saskia Erbring

Zusatzmaterialien online

Unter der Adresse www.carl-auer.de/programm/materialien/inklusion_ressourcenorientiert_umsetzen finden Sie folgende Zusatzmaterialien online:

- Mein »inneres Team« zur schulischen Inklusion
- Der heimliche Gewinn aus dem Symptom
- Die sieben wichtigsten Gesundheitsressourcen für Lehrkräfte
- Die Bilanz-Wippe
- Arbeitsaufträge für ein Jahrgangsteam
- Zeitleiste und Arbeitsmethoden

Literatur

Amrhein, B. (2011): Inklusion in der Sekundarstufe. Eine empirische Analyse. Bad Heilbrunn

Boban, I. u. A. Hinz (Hrsg.) (2003): Index für Inklusion. Lernen und Teilhabe in Schulen der Vielfalt entwickeln. Halle (Martin-Luther-Universität).

Booth, T. u. M. Ainscow (2011): Index for Inclusion: Developing Learning and Participation in Schools. Bristol (CSIE).

Demmer-Dieckmann, I. (2007): Bildungsarmut durch Selektion – Bildungsreichtum durch Integration In: B. Oberwien u. A. Prengel (Hrsg.): Recht auf Bildung – Zum Besuch des Sonderberichterstatters der Vereinten Nationen in Deutschland. Opladen (Barbara Budrich), S. 191–202.

Döring-Seipel, E. u. H. Dauber (2010). Was hält Lehrer und Lehrerinnen gesund – die Bedeutung von Ressourcen, subjektiver Bewertung und Verarbeitung von Belastung für die Gesundheit von Lehrern und Lehrerinnen. *schulpädagogik heute* 1 (2): 1–16

Erbring, S. (2012): Mehrbelastung durch Inklusion? Eine neue schulische Herausforderung aus salutogener Sicht. *Lernchancen* 87/88: 75–81.

Erbring, S. (2009): Pädagogisch professionelle Kommunikation. Eine empirische Studie zur Kommunikation von Lehrpersonen unter Supervision. Baltmannsweiler (Schneider).

Florian, L. a. K. Black-Hawkins, K. (2011). Exploring inclusive pedagogy. *British Educational Research Journal* 37 (5): 813–828.

Herwig-Lempp, J. (2012): Ressourcenorientierte Teamarbeit. Systemische Praxis der kollegialen Beratung. Göttingen (Vandenhoeck & Ruprecht)

Hinz, A. (2002): Von der Integration zur Inklusion – terminologisches Spiel oder konzeptionelle Weiterentwicklung. *Zeitschrift für Heilpädagogik* 53 (9): 354–361.

Hinz, A. (2013): Inklusion – von der Unkenntnis zur Unkenntlichkeit!? – Kritische Anmerkungen zu einem Jahrzehnt Diskurs über schulische Inklusion in Deutschland. In: Zeitschrift für Inklusion 1. Verfügbar unter: http://www.inklusion-online.net/index.php/inklusion-online/article/view/26/26 [13.1.2014].

Hubrig, C. u. P. Herrmann (2007): Lösungen in der Schule. Systemisches Denken in Unterricht, Beratung und Schulentwicklung. Heidelberg (Carl-Auer), 3. Aufl. 2010.

Klemm, K. (2013): Inklusion in Deutschland – eine bildungsstatistische Analyse. Gütersloh (Bertelsmann-Stiftung).

Klusmann, U., M. Kunter, U. Trautwein, J. Baumert (2006): Lehrerbelastung und Unterrichtsqualität aus der Perspektive von Lehrenden und Lernenden. *Zeitschrift für Pädagogische Psychologie* 20: 161–173.

Klusmann, U., M. Kunter, U. Trautwein (2009): Die Entwicklung des Beanspruchungserlebens von Lehrerinnen und Lehrern in Abhängigkeit beruflicher Verhaltensstile. *Psychologie in Erziehung und Unterricht* 56: 200–212.

Lindemann, H. u. N. Vossler (1999): Die Behinderung liegt im Auge des Betrachters. Konstruktivistisches Denken für die pädagogische Praxis. Neuwied/Kriftel (Luchterhand).

Mittendrin e.V. (Hrsg.): Eine Schule für alle: Inklusion umsetzen in der Sekundarstufe. Mülheim a. d. Ruhr (Verlag an der Ruhr).

Montag-Stiftung Jugend und Gesellschaft (2011): Inklusion vor Ort. Der Kommunale Index für Inklusion – ein Praxishandbuch. Bonn (Eigenverl. des Deutschen Vereins für Öffentliche und Private Fürsorge).

Nieskens, B., S. Rupprecht u. S. Erbring (2012): Was hält Lehrkräfte gesund? Ergebnisse der Gesundheitsforschung für Lehrkräfte und Schulen. In: DAK-Gesundheit & Unfallkasse NRW (Hg.): Handbuch Lehrergesundheit – Impulse für die Entwicklung guter gesunder Schulen. Köln (Carl Link), S. 3–59. Verfügbar unter: http://www.handbuch-lehrergesundheit.de [13.1.2014].

Rolff, H. G. u. W. Schley (1997): Am Anfang muss man bereits auf s Ganze gehen. Zur Gestaltung der Anfangssituationen in Schulentwicklungsprozessen. *Journal für Schulentwicklung* 1: 12–21.

Schaarschmidt, U. u. U. Kieschke (2007). Beanspruchungsmuster im Lehrerberuf. Ergebnisse und Schlussfolgerungen aus der Potsdamer Lehrerstudie. In M. Rothland (Hrsg.): Belastung und Beanspruchung im Lehrerberuf. Modelle – Befunde – Interventionen. Wiesbaden (Verlag für Sozialwissenschaften), 81–98.

Scharmer, O. (2009): Theorie U – Von der Zukunft her führen. Prescencing als soziale Technik. Heidelberg (Carl-Auer), 3. Aufl. 2013.

Schöler, J. (2010): Inklusion – Gelingensbedingungen. Zentrale Aufgabenstellungen zur Umsetzung der UN-Konvention. Schulleitung und Schulentwicklung, Lieferung B 1.11. (Stuttgart) (Raabe).

Schulz von Thun, F. (2013): Miteinander reden. Bd. 3: Das »innere Team« und situationsgerechte Kommunikation. Reinbek (Rowohlt), 22. Aufl.

Schwarzer, R. u. L. M. Warner (2011): Forschung zur Selbstwirksamkeit bei Lehrerinnen und Lehrern. In: E. Terhart, H. Bennewitz u. M. Rothland (Hrsg.): Handbuch der Forschung zum Lehrerberuf. Münster u. a. (Waxmann), S. 496–508.

UNESCO (1994): Die Salamanca-Erklärung und der Aktionsrahmen zur Pädagogik für besondere Bedürfnisse. Verfügbar unter: http://www.unesco.at/bildung/basisdokumente/salamanca_erklaerung.pdf [13.1.2014].

Unfallkasse Nordrhein-Westfalen (2010): Gesundheitsförderliches Leitungshandeln in der Schule. Hinweise für gute gesunde Schulen. Düsseldorf.

United Nations (2006): UN-Convention on the Rights of Persons with Disabilities. Verfügbar unter: http://www.un.org/disabilities/convention/conventionfull.shtml [13.1.2014].

Weizäcker, R. v. (1993): Wie bekennen wir uns zu Menschen mit Behinderungen? Wie leben wir zusammen? Verfügbar unter: http://www.bundespraesident.de/SharedDocs/Reden/DE/Richard-von-Weizsaecker/Reden/1993/07/19930701_Rede.html [13.1.2014].

Über die Autorin

Saskia Erbring, Dr., zunächst Lehrerin an der Gesamtschule Köln-Holweide, bis 2012 Wissenschaftliche Mitarbeiterin der Universität zu Köln, Humanwissenschaftliche Fakultät, Dpt. Heilpädagogik und Rehabilitation, sowie Lehrbeauftragte für Pädagogische Psychologie und Gesundheitspsychologie an der Hochschule Fresenius Köln; heute selbstständig in eigener Praxis (Consulting, Coaching, Training). Arbeitsschwerpunkte: Kommunikation und Teamentwicklung; Gesundheitsförderung, Gesundheitsmanagement, Salutogenese; Inklusive Schulentwicklung.

Kontakt: www.praxis-erbring.com